和田市民族特色服装产业及设计丛书

"和田市北京服装周民族特色服装展
活动项目（创意设计）"
成果之一

历史地理禀赋与绿洲产业
——新时代和田市纺织服装产业发展研究

吴小军　王保鲁　周长华 / 著

中国纺织出版社有限公司

内 容 提 要

本书是"和田市北京服装周民族特色服装展活动项目（创意设计）"成果之一，主要内容包括研究背景、和田的历史地理概况、和田市社会经济与纺织服装业发展状况、和田市发展纺织服装产业的国内外环境、发展禀赋与和田绿洲的产业战略、和田市纺织服装产业的发展举措、北京对口援疆工作与和田市产业发展七个部分。

本书始终立足和田的历史地理实际，探索其产业及文化发展的特殊性，进而着眼和田区域经济、产业发展的需要，探讨和田市纺织服装产业发展的策略和措施。本书旨在通过对和田的实践研究，进一步深化对和田产业发展实际的认识，并为进一步开展服装服饰及相关设计创新提供宏观的学术视野和理论上的学术支持。

图书在版编目（CIP）数据

历史地理禀赋与绿洲产业：新时代和田市纺织服装产业发展研究 / 吴小军，王保鲁，周长华著． -- 北京：中国纺织出版社有限公司，2023.8

（和田市民族特色服装产业及设计丛书）

ISBN 978-7-5229-0595-2

Ⅰ.①历… Ⅱ.①吴… ②王… ③周… Ⅲ.①纺织工业－产业发展－研究－和田市②服装工业－产业发展－研究－和田市 Ⅳ.① F426.81

中国国家版本馆 CIP 数据核字（2023）第 087619 号

责任编辑：张晓芳　　责任校对：楼旭红　　责任印制：王艳丽

中国纺织出版社有限公司出版发行
地址：北京市朝阳区百子湾东里A407号楼　邮政编码：100124
销售电话：010—67004422　传真：010—87155801
http://www.c-textilep.com
中国纺织出版社天猫旗舰店
官方微博 http://weibo.com/2119887771
北京华联印刷有限公司印刷　各地新华书店经销
2023年8月第1版第1次印刷
开本：710×1000　1/16　印张：7.75
字数：68千字　定价：98.00元

凡购本书，如有缺页、倒页、脱页，由本社图书营销中心调换

前言

在祖国的西部，天山和昆仑山环抱之下的广袤地区，有我国最大的沙漠——塔克拉玛干沙漠，那里气候干旱，黄沙如海。在沙漠边沿的和田绿洲，却似乎是沙海中的岛屿。在这里，数千年来我国各族人民休养生息，展现出对自然环境的不屈精神。

对于绿洲的理解，地处中原和南方地域的人们，似乎天然有一道障碍。绿洲在生产方式上，也是以农耕为主，但与中原各地的传统农耕区域相比，历史变迁更为特殊，生产生活方式更为特殊。这是我们时至今日认识西部的基本前提，也是探讨和研究和田发展的思考起点。

新疆发展已经成为党和国家重要战略任务，在这一发展战略中，北京市积极承担对口支援和田的重要任务。纺织服装产业是新疆发展的重点产业。这一战略布局和产业规划无疑是正确的。新疆既是我国重要的棉花产区，也是丝绸、毛纺的传统产业区，近年来化纤产业也显示出巨大的发展前景。可以说，新疆发展纺织服装产业具有极大的传统优势和优良的资源禀赋。配合和田地区纺织服装产业发展，正成为北京市派驻和田的援疆干部的重要工作使命。一批批对口支援干部多方问计，千方百计引入北京产业资源以促进和田加快发展。

北京服装学院本是原纺织工业部（现中国纺织工业联合会）所属高校，扎根纺织服装行业是其办学的根本特质。学校于20世纪90年代划归北京市管理以来，在服务北京时尚之都建设和世界文化中心城市建设中，积极发挥学科特色，先后在服务北京奥运会，中华人民共和国成立七十周年，中国共产党成立一百周年，北京冬奥会、冬残奥会等各项国家重大工作任务中做出积极努力，得到市委、市政府的高度认可。

为对接北京产业和学术资源，促进和田市纺织服装业加快发展，在北京援疆和田指挥部的指导支持下，北京服装学院顺利承担"和田市北京服装周民族特色服装展活动项目（创意设计）"研究工作任务。2022年7月中旬，项目获批准。项目按照"研究与设计并行、注重实效、服务和田"的思考来规划研究创新工作，将工作分为三部分开展：一是开展"和田市纺织服装产业发展研究"。区域产业发展重点和方向，对于产品设计创新具有先行性的指导意义。研究立足南疆绿洲的地理历史，分析和田市历史传统、文化特质、资源禀赋，探讨和田市纺织服装产业的战略选择和发展路径。二是开展"艾德莱斯绸传统服饰研究与设计创新"。围绕艾德莱斯绸及和田民族文化、传统服装品类色彩、图案等开展基础研究，并开展艾德莱斯绸工装、学生装和日常装的时尚应用和设计创新，服务和促进民族服饰艾德莱斯的现代化、时尚化。三是开展"和田地区传统图案纹样研究与设计创新"。在对和田地区传统图案形式、图案特征、应用领域等调查研究基础上，开展和田特色图案的设计创新，以服务民族服饰纹样的时尚化和产业应用。

坚持开展"和田市纺织服装产业发展研究"，是一种实事求是的态度和实践工作方法。其主要目的是希望通过对和田的实践研究，进一步深化对和田产业发展实际的认识，并为进一步开展服装服饰及相关设计创新提供宏观的学术视野和理论上的学术支持。

因此，本研究始终立足和田的历史地理实际，探索其产业及文化发展的特殊性，进而着眼和田区域经济、产业发展的需要，探讨和田市纺织服装产业发展的策略和措施。研究主要分为七个部分：一是从和田区域实际出发，深入分析绿洲地理影响下的社会发展和产业形态，明确绿洲生产方式的独特性；二是从分析区域地理与历史出发，提出绿洲发展的有限性、和田发展的历史地理禀赋概念；三是重点分析和田市纺织服装产业的发展现状；四是和田市发展纺织服装产业的国内外环境分析；五是历史地理禀赋视野下的和田市纺织服装产业发展的原则、重点；六是当前和未来和田市纺织服装产业发展举措和路径的分析；七是充分利用北京对口援疆资源，促进和田市产业加快发展的一点建议。

和田是一个与北京相距遥远的地方，但距离并不妨碍我们深刻理解服务和田人民需要的重要意义。因此，开展"和田市民族特色服装创意设计"研究，无论设计创新还是产业分析，首要的是将学术与实践结合，高度重视县市区域产业发展的具体性和实践性，从而立足和田纺织服装产业发展实际，注重研究的"真题真做"，以促使研究工作能在实践中发挥作用。

和田社会经济的加快发展，受到党和国家高度关注，是北京对口援助新疆的重点地区，有关和田的工作，要从讲政治的高度来认真落实，以最大的务实精神来追求实效。我们认为，中国学者无论如何重视和田、关注和田课题，都是应有的责任自觉。遗憾的是，虽然目前学界对于和田的考古、文化研究正方兴未艾，但立足和田的区域特殊性和文化特色，开展和田纺织服装产业发展的研究还不多，相关成果很少见到出版发表。因此，我们开展的此项研究，也具有一定的前行特征。

对于和田纺织服装产业的研究，因时间仓促，难免有率尔操觚嫌疑；受命之际，又逢疫情防控的特殊情况，增加了深入实地考察的困难。但研究工作的开展，仍努力实事求是，立足区域实际和产业实践观察。诚恳希望借此让更多的专业力量更加了解和田、服务和田、建设和田。

吴小军

2022 年 10 月

目录

第一章　研究背景　1

第一节　新时代与新疆的良好发展机遇　2

第二节　北京对口支援与和田市发展的迫切要求　7

第三节　相关研究与本研究的工作方向　10

第二章　和田的历史地理概况　15

第一节　和田地理　16

第二节　和田历史　21

第三节　和田区域发展的历史地理禀赋　29

第三章　和田市社会经济与纺织服装业发展状况　35

第一节　和田市经济发展环境与现状　36

第二节　和田市纺织服装业发展现状　41

第四章　和田市发展纺织服装产业的国内外环境　45

第一节　和田市发展纺织服装产业的政策环境　46

第二节　新疆纺织服装产业"十四五"重点方向　52

第三节　新时代中国纺织服装产业的新发展　56

第四节　中亚周边国家的发展与和田市纺织服装产业　58

第五章　发展禀赋与和田绿洲的产业战略　63

第一节　和田市纺织服装产业发展的原则与重点　64

第二节　和田绿洲的产业发展路径问题　67

第三节　和田市纺织服装产业的政策问题　70

第四节　立足新时代和区域实际，加强产业规划　73

第六章　和田市纺织服装产业的发展举措　77

第一节　产业发展与"乡村振兴"战略相结合　78

第二节　积极发展化纤类特色出口产品　　　　　　　　　　83

第三节　"和田玉"作为中华文化遗产及其服饰产业应用　　85

第四节　立足生产组织重构，推进艾德莱斯绸快速发展　　90

第五节　创新时尚设计，促进手工羊毛地毯产品的现代化　93

第七章　北京对口援疆工作与和田市产业发展　　　　　97

第一节　输入性生产方式的历史启示与和田跨越发展　　　98

第二节　发挥北京对口援疆的特殊优势　　　　　　　　　101

第三节　加强欧亚"绿洲地带"的产业经济与文化研究　　105

参考文献　　　　　　　　　　　　　　　　　　　　　109

第一章
研究背景

第一节　新时代与新疆的良好发展机遇

　　2022年7月,中共中央总书记、国家主席、中央军委主席习近平到新疆考察时强调,要完整准确贯彻新时代党的治疆方略,牢牢扭住社会稳定和长治久安总目标,坚持稳中求进工作总基调,全面深化改革开放,推动高质量发展,统筹疫情防控和经济社会发展,统筹发展和安全。要深刻认识发展和稳定、发展和民生、发展和人心的紧密联系,推动发展成果惠及民生、凝聚人心。要加快经济高质量发展,培育壮大特色优势产业,增强吸纳就业能力。要把巩固脱贫攻坚成果同乡村振兴有效衔接起来,健全乡村可持续发展长效机制。要坚持山水林田湖草沙一体化保护和系统治理,推进生态优先、绿色发展,深入打好污染防治攻坚战,严守生态保护红线。要加大对外开放力度,打造向西开放的桥头堡,推进丝绸之路经济带核心区建设。要加强新疆各民族非物质文化遗产保护传承,把各民族优秀传统文化发扬光大,在新时代新征程上奋力建设团结和谐、繁荣富裕、文明进步、安居乐业、生态良好的美好新疆。习近平总书记新疆调研重要讲话,说明党中央对于加快新疆发展的高度重视,是指引新时期新疆发展的基本思想。

一、党中央高度重视新疆发展

为加快新疆发展，促进沿边开放，拓展向西开放发展合作空间，同时深化推进西部大开发、扩大内需，促进国内产业区域转移，2010年5月17～19日，第一次中央新疆工作座谈会召开。2014年5月28～29日，第二次中央新疆工作座谈会召开，随即发布出台了一系列支持政策，新疆各项产业的发展逐步进入快车道。

2020年9月25～26日，第三次中央新疆工作座谈会在北京召开，中共中央总书记、国家主席、中央军委主席习近平出席会议并发表重要讲话。习近平强调，要完整准确贯彻新时代党的治疆方略，依法治疆、团结稳疆、文化润疆、富民兴疆、长期建疆，以推进治理体系和治理能力现代化为保障，多谋长远之策，多行固本之举，努力建设团结和谐、繁荣富裕、文明进步、安居乐业、生态良好的新时代中国特色社会主义新疆。

习近平在讲话中指出，第二次中央新疆工作座谈会以来，经过各方面艰辛努力，新疆经济社会发展和民生改善取得了前所未有的成就。一是经济发展持续向好。2014～2019年，新疆地区生产总值由9195.9亿元增长到13597.1亿元，年均增长率为7.2%。新疆基础设施不断完善，所有地州市迈入高速公路时代。二是人民生活明显改善。2014～2019年，新疆居民人均可支配收入年均增长率为9.1%。三是脱贫攻坚取得决定性成就。截至2019年，全疆累计脱贫292.32万人，贫困发生率由2014年的19.4%降至1.24%。其中，南疆4地州累计脱贫251.16万人，贫困发生率由2014年的29.1%降至2.21%。新疆呈现出社会稳定、人民安居乐业的良好局面。

二、新疆是"丝绸之路经济带核心区"

发展是新疆长治久安的重要基础。习近平总书记在第三次中央新疆工作座谈会重要讲话中强调，要发挥新疆区位优势，以推进丝绸之路经济带核心区建设为驱动，把新疆自身的区域性开放战略纳入国家向西开放的总体布局中，丰富对外开放载体，提升对外开放层次，创新开放型经济体制，打造内陆开放和沿边开放的高地。要推动工业强基增效和转型升级，培育壮大新疆特色优势产业，带动当地群众增收致富。要科学规划建设，全面提升城镇化质量。要坚持绿水青山就是金山银山的理念，坚决守住生态保护红线，让大美新疆天更蓝、山更绿、水更清。"一带一路"倡议给新疆未来经济发展提供了战略支撑，"丝绸之路经济带核心区"的战略定位，更为"丝绸之路"重要历史区域——南疆的发展带来新的战略机遇。在"一带一路"倡议中，新疆全域贯彻落实党中央部署，在发挥区域优势、面向中亚地区建设更高水平开放型经济新体制、营造以人民币自由使用为基础的新型互利合作关系中，能够发挥更大的作用。

三、发展纺织服装产业是重要战略方向

大力发展纺织服装业,是立足实际、充分发挥新疆资源优势、扩大和带动就业的重要部署,对新疆发展具有重要的战略意义。2014年5月,第二次中央新疆工作座谈会召开,随即发布出台了《国务院办公厅关于支持新疆纺织服装产业发展促进就业的指导意见》《新疆维吾尔自治区关于发展纺织服装产业带动就业的意见》《发展纺织服装产业带动就业规划纲要(2014—2023年)》和《发展纺织服装产业带动就业2014年行动方案》等一系列支持纺织服装业发展、突出促进稳定就业的政策。目前,新疆纺织行业规模快速扩大,吸纳就业初见成效,初步形成了以棉纺织为主,毛纺织、针织服装、化纤逐渐壮大的产业链体系。作为地域优势资源转换的传统支柱产业和重要的民生产业,纺织服装产业是提高就业水平的重要产业,是促进各族人民近地就业、维护社会稳定的基础产业,对南疆地区发展具有重要的意义。

四、重视和加快南疆发展上升为国家战略

2020年第三次中央新疆工作座谈会上,习近平总书记强调,要统筹疫情防控和经济社会发展,做好"六稳"工作、落实"六保"任务,持之以恒抓好脱贫攻坚和促进就业两件大事。要加大政策支持力度,创新体制机制,坚持就近就地就业和有序转移输出就业有

机结合。要大力推动南疆经济社会发展和民生改善。尽管南疆是我国古代西域重镇、古丝绸之路的最早路径，但如今包括和田在内的南疆整体，经济和生活平均发展水平在新疆全境处于相对落后的地位，贫困成为制约当地社会进步的主要因素。由此，南疆的发展问题，尤其是促进区域人民就业和经济发展问题，仍是我国西部备受关注的发展焦点，是上升到国家战略的重要区域发展问题。同时南疆也是以北京为龙头的省市对口支援的重要地区。

第二节　北京对口支援与和田市发展的迫切要求

一、立足"两个大循环"谋划和田市发展

2020年4月10日,习近平总书记在中央财经委员会第七次会议上强调,要构建以国内大循环为主体、国内国际双循环相互促进的新发展格局。5月14日,中共中央政治局常务委员会会议首次提出"深化供给侧结构性改革,充分发挥我国超大规模市场优势和内需潜力,构建国内国际双循环相互促进的新发展格局"。10月29日,党的十九届五中全会通过《中共中央关于制定国民经济和社会发展第十四个五年规划和二〇三五年远景目标的建议》,将"加快构建以国内大循环为主体、国内国际双循环相互促进的新发展格局"纳入其中。新发展格局总体要求是注重中国国内市场,提升自身创新能力,避免过于依赖中国以外市场,同时保持对外开放。

促进国内国际两个大循环,首先是畅通国内大循环。以国内循环为主体,是对当前发展态势的清醒认识,是在发展的过程中,要充分利用国内国际两个市场、两种资源的优势,以国内大循环为主体,国内国际双循环相互促进,推动中国高质量发展。依托强大国内市场,贯通生产、分配、流通、消费各环节,打破行业垄断和地方保护,形成国民经济良性循环。其次是立足国内大循环,发挥

比较优势，协同推进强大国内市场和贸易强国建设，以国内大循环吸引全球资源要素，充分利用国内国际两个市场、两种资源，完善内外贸一体化调控体系，构建现代物流体系，优化国内国际市场布局、商品结构、贸易方式。

构建基于"双循环"的新发展格局是党中央在国内外环境发生显著变化的大背景下，推动我国开放型经济向更高层次发展的重大战略部署，对全国开放发展提出了新要求，为和田市纺织服装产业的发展策略与战略选择提出了新要求，指出了新方向。

二、北京市对口援疆与和田市纺织服装产业发展

对口援疆工作是发展新疆经济，培育区域开发开放新的经济增长极，促进人民生活水平提高的重大部署。在党中央的统一领导下，自2010年开始，全国启动19个省市对口援疆工作。《中国新疆历史与现状》一书指出，"这是多年来支援地域最广、涉及人口最多、至今投入最大、援助领域最全的一次对口支援"。对口支援为新疆的发展带来了强大推动力。作为首都的北京市，牵头对口援疆的服务对象为古"于阗"之地和田，既具有重大的意义，也体现出党中央对和田发展的高度重视和关心。

全面利用北京市的优势资源，对口援助发展和田，是北京市委、市政府完成党中央任务的重点工作之一。多年来，北京市选派优秀干部、人才到和田工作，积极发挥产业、信息、文化优势，积

极抓好项目、资金、技术、管理的推进落实,积极支持特色优势产业发展,为和田市经济社会发展做出奉献。为进一步促进和田市加快发展,北京援疆指挥部贯彻落实新疆产业规划,将大力发展纺织服装产业作为推动和田市发展的重点任务。

和田市发展纺织服装产业,是进一步贯彻党中央长期坚持对口援疆政策,落实乡村振兴战略,不断增加就业,推进和田市各族人民走向共同富裕的重要举措。在推进纺织服装产业发展中,迫切需要进一步提升对口援疆综合效益,立足和田市发展相对落后的实际,更好地发挥政府作用,创造条件大力发展公有制经济,促进国有经济布局优化和结构调整,发挥国有经济战略支撑作用。为此,在纺织服装产业发展路径和实施上,高度重视产业规划的实践性和效益性。

第三节 相关研究与本研究的工作方向

一、相关学术研究

随着国家新时期改革开放的战略规划，新疆作为"一带一路"经济带核心区的地位日益凸显，其已经逐渐成为学术视野的研究热土。对于新疆的发展，学者们就社会发展、产业经济、城市发展，乃至具体产业路径，都有深入的研究。

一是从新疆维吾尔自治区的视野，重点研究作为丝绸之路经济带西部核心区的新疆的发展。包括经济和产业发展（《丝绸之路经济带背景下新疆产业发展问题研究》，龚新蜀），扩大开放与经济发展（《丝绸之路经济带建设中的新疆发展与开放》，王宏丽），对国内产业转移的研究（《产业转移视角下东部地区援助与新疆自我发展能力提升研究》，李志翠），新疆绿洲城市的发展路径问题研究（《新疆绿洲城市群培育发展与路径选择研究》，闫海龙、李雪梅）等。

二是关于新疆的历史研究。随着西部丝绸之路考古学研究的深入，有关古代丝绸之路的研究对丝绸之路重镇南疆"于阗"（和田）的叙述也日益丰富。主要有于阗史研究（《尼雅遗址与于阗史研究》，孟凡人；《于阗史丛考》，张广达、荣新江），西域史地考古（《西域史地考古论集》，黄文弼），绿洲及其产业的历史研究（《田作畜牧——公元前2世纪至公元7世纪前期西域绿洲农业研究》，李艳玲；《和田绿洲》，斯坦因；《丝绸之路与东西文化交流》，荣新江）等。

三是以南疆及和田为对象的专门研究。主要包括城市发展（《和田——绿洲城市的崛起》，朱光辉），产业（农业）规划（《区域农业规划理论与实践：以新疆和田地区为例》，张斌等），南疆产业结构研究（《新疆南疆三地州产业结构调整与促进稳定就业研究》，陈作成），人民生活及幸福感的专题研究（《基于包容性增长的新疆南疆三地州居民幸福感提升研究》，朱金鹤、崔登峰；《社会稳定视角下的新疆南疆经济发展研究》，喻晓玲、朱叶），南疆文化研究（《南疆绿洲文化转型研究：以马克思主义文化观为视域》，张春霞）等。

对于新疆，尤其是直接与和田相关的学术研究，无论是历史考古还是产业研究，对于新时期和田的发展，都具有十分重要的意义。但是就目前而言，对和田市产业发展的研究仍存在极大的不足，尤其是关于和田市纺织服装产业发展的定向研究成果付之阙如。在当前和田市大力发展纺织服装产业的战略背景下，深入开展和田市纺织服装产业的专门研究，对于加快促进和田市经济产业跨越发展，十分有必要，也十分有意义。

二、本研究工作方向——"历史地理禀赋"概念的提出

对于具体的区域研究，著名学者谭其骧的"历史地理"研究也值得参考。实际上，本研究使用的历史地理概念即来自这一历史研

究学术领域。但谭其骧先生作为历史学家，其关于中国历史地理的学术目标，是研究中国历史上的地理现象及其演变规律，其中包括历史自然地理和历史人文地理，但学术视角始终是"历史上的中国地理"。

从以上看出，有关新疆维吾尔自治区乃至和田市的社会、经济、文化研究虽然日益增多，但专门针对和田的产业研究而形成的学术著作还不多见。在学术研究上的欠缺，无疑对和田未来的经济文化发展极为不利。

本研究从分析和田的历史地理着手，提出了绿洲发展的"历史地理禀赋"理念，提出在新时代国内国际"双循环"的大背景，以及宏观经济新环境及纺织服装产业发展新形势下，立足新疆全局、关注南疆区域协调的分析基础上，充分凝聚和田市纺织服装产业特征，创新发展视野，寻找跨越发展新思路，提出促进和田市纺织服装产业创新发展的实施路径和重点措施。

实际上，经济学和发展理论范畴的"禀赋"概念，一般指资源禀赋或要素禀赋，它指一国拥有的各种生产要素，包括劳动力、资本、土地、技术、管理等方面。在我国学术界，资源禀赋理论通常是在讨论国际贸易结构中形成的、注重产业贸易交换比较优势的一种外来理论。

为突出研究视角，本研究仅取"禀赋"的中文概念。通常意义上，禀赋即天赋，是指人所具有的智力、体魄等素质。将禀赋与历史地理结合，借鉴学术领域如谭其骧先生构建的"历史地理"概念，将和田市区域特征和发展要素拟人化，以表达绿洲区域生产方式的特殊性，以及这种特殊性对经济发展的影响。

对于和田市乃至整体区域的产业发展，"历史地理禀赋"概念的提出，不仅是一般意义上的关注地域差异，而是要强化对绿洲地理的生活、经济发展的深入理解，并基于这种理解，提出绿洲地理对于绿洲发展、生产方式、人文特征、历史构建都具有决定性意义。"绿洲"即沙漠之洲，如海洋之岛屿，其地理环境对于人们生活生产方式的强制约性，一定意义上决定着历史进程和历史本身。绿洲的历史与地理不可分离，从而在实践上使其成为绿洲地域社会发展的基础禀赋。

本研究借鉴"历史地理"和"禀赋"，创新性提出"历史地理禀赋"的学术概念，本身就是研究过程自然凝聚的学术理念。它是从区域发展研究出发的一个全新视角，因而也是一个全新的概念。历史地理禀赋，是基础于绿洲区域的地理对于人类活动的强制约性，而探索地理对于经济活动、生活方式，尤其是生产方式（皆为历史人文范畴）的特殊规律，研究此地的地理环境和历史人文传统，以及此地理环境和历史人文传统对区域发展的特点、优势和约束。尽管任何区域发展研究对于当地的自然环境（地理）和文化传统的考察都是必要的和基础性的，然而以和田市为代表的南疆绿洲地区，其地理和历史仍然是独特的，两者皆构成区域发展不可忽视的特殊禀赋。我们认为，在当前西部地区尤其是绿洲区域的发展研究中，强调绿洲区域的地理特殊性和历史特质，并从发展禀赋的视野予以重视和分析，对于促进当地经济发展、产业进步具有重大的实践意义。

第二章
和田的历史地理概况

第一节　和田地理

一、绿洲和田

和田地理是影响区域发展的重要禀赋。充分认识和田地理，是立足实际促进新时代和田发展的基本前提。

和田是古丝绸之路上的南疆重镇，是由维吾尔族、汉族、回族、哈萨克族等13个民族共同组成的多民族聚居区，也是和田玉的故乡。和田市是和田地区的政治、经济、文化、交通中心。在我国的广大国土中，新疆维吾尔自治区大约是我国陆地国土面积的六分之一，而和田区域面积又大约是新疆维吾尔自治区的六分之一。

在地理上，新疆维吾尔自治区是著名的"三山夹两盆"的地理结构，最北的阿尔泰山、中部的天山、南部的昆仑山脉，皆是绵延千里的巨大山脉，其中天山以南、昆仑山北麓之间的广大区域是通常所称的"南疆"区域。天山山脉和昆仑山脉绵延包围之中的塔里木盆地，其主体为我国第一大沙漠——塔克拉玛干沙漠。和田北临塔克拉玛干沙漠，南部为昆仑山北麓，环沙漠也成为和田的显著地理特点。

和田地域辽阔。据《和田地区志》的统计，和田地区总占地面积24.91万平方千米，但与此相伴随的是和田大约35.33%的面积为高山山地面积，大约 42.47% 的面积为沙漠戈壁，农业区（实际也是主要的城乡居住区）面积约 3.04 万平方千米，仅占和田地区总面积的 12.2%。

和田所在的塔里木盆地，受西部帕米尔高原、南部昆仑山、北部天山等天然阻隔，使来自世界主要大洋的水气无法到达，是真正属于欧亚大陆的内陆中心，形成了一个广阔的干旱区域，降水稀少，属于北温带内陆荒漠气候。气候特征主要表现为降水量少，蒸发量大，环境干燥，多浮尘天气。平原区域四季少雨，年均降水量仅 39.9 毫米，年均蒸发量高达 2563.4 毫米，是年均降水量的 64.25 倍。年均浮尘天气达 200 多天（《和田地区志》）。和田地区的主要水源，皆源于昆仑山高山融雪的河流。其中流经和田市的主要河流为玉龙喀什河、喀拉喀什河，两河交汇处形成和田河，和田河在水源充沛时节，在下游汇入我国最大的内流河——塔里木河。

自然地理因素对人类社会活动的制约和行政区域的规划，对和田地区具有显著的影响。目前和田地区所辖的"七县一市"：和田市、和田县、皮山县、墨玉县、策勒县、洛浦县、于田县、民丰县，皆位于昆仑山北麓的河流绿洲地带。在行政区划上，和田各县市形成了南部高山、中部绿洲平原、北部沙漠的共同特征，各县市区域具有明显的沿河流特征，以公路连通，相互之间由较长距离的戈壁沙漠分割，形成了绿洲地区独特的形制地理。可以说绿洲为和田地区的基本地理特点，也成为规划和田区域经济发展的重要基础。

地理概念上的所谓"绿洲",是一种独特的自然地貌,一般指干旱沙漠之中有水源、适合植被生长,进而适合人类居住、可以开展生产和社会活动的区域。在地理上一般呈点状、带状分布在河流边缘地带,或高山融雪灌溉的山麓平原地带。中国绿洲集中分布于西部的干旱地区,其中南疆绿洲中,自古以来最有名的其中之一就是和田(于阗)绿洲。

因为绿洲处于沙漠或戈壁环抱之中,区域较小,在西北广阔荒漠地带的绿洲,被人们形象地誉为"荒漠中的明珠""沙漠中的世外桃源"。黄沙如海,点缀其中的绿色区域如大海之绿色岛屿,给人以希望与和平,中国人以"绿洲"名之,恰如其分,形象又准确地反映了其地理特征,说明了绿洲与周边大环境、大地理的本质关系。

绿洲的地理本质就是出于广阔干旱、荒漠地带的生态环境,以及本身受到沙漠戈壁包围和隔绝的自然条件。其存在和发展具有明显的地域规律性。

一是绿洲地理的唯水性。水资源是绿洲存在发展的核心要素,是绿洲兴衰的主要条件。没有水,地理上和人文上的绿洲就不复存在。和田绿洲,自古至今,受和田河的制约和影响是根本性的。和田河作为内流河流,直接水源来自昆仑山高山降水和融雪,其水源总量和可采用量是有限的。从这一点来看,自然地理对于绿洲的规模和发展,具有强约束性。

二是绿洲生态的脆弱性。绿洲因为处于干旱区域和荒漠地带,其生态环境受自然因素如气候、水源、环境改变等的影响也十分明显。由于环境条件的强制约特征,绿洲地区生态自我修复能力十分薄弱,人为因素对于绿洲的影响也更为直接。由于地处荒漠干旱地带,环境相对隔绝,水资源的外部性和强烈依赖性等决定了绿洲生态系统的脆弱性。人类在绿洲中活动将更需要充分考虑其自然条件。

三是绿洲的相对隔离性。被沙漠戈壁包围的绿洲因水而生,绿洲与绿洲之间通常由较长距离的戈壁与沙漠分割,在古代丝绸之路上形成了跳跃式的、驿站式的人类生活据点,在今日依旧是绿洲城市之间相互隔离的基本地理。

二、和田市的地理概况

和田市是新疆维吾尔自治区最南端的城市,其南部为昆仑山北麓,北部与塔克拉玛干沙漠南端相接,而城市就位于玉龙喀什河、喀拉喀什河冲积扇带形成的绿洲平原上,市区海拔高度为1350米。和田市为暖温带内陆沙漠气候,干旱、降水量小、蒸发量大、风沙浮尘天较多是基本气候面貌。

和田市区域东西最宽处60千米,南北最长处200千米,总面积495.84平方千米,其中城区面积约14平方千米。在行政区域上东临洛浦县,与和田县地理相接,全市与其他县市之间公路交通,大多有自然形成的戈壁和沙漠地带隔离。和田市到新疆维吾尔自治区首府乌鲁木齐，沿沙漠公路、经库尔勒市，全程1509千米；经喀什、阿克苏，到乌鲁木齐公路全程1776千米。和田市到乌鲁木齐市的航班跨越天山，航空里程为1089千米。

随着国家基本建设的加快发展，和田连通喀什的铁路已经将和田市与乌鲁木齐、全国铁路网络紧密结合起来。2022年6月，和田到若羌的铁路正式通车，"和若铁路"围绕塔克拉玛干沙漠南沿、昆仑山北麓，由西向东，在地理上将和田与若羌连通，形成世界上首条沙漠铁路环线，以现代交通纽带将位于南疆古代绿洲区域的城市全面连通起来，构建起古代"丝绸之路"的现代化美好图像。

然而，正是和田绿洲的空间实际、地理特征及其对和田市经济社会发展具有的强制约性，要求我们在区域发展思考中要充分认识和田市发展的环境制约和地理局限。这是规划和田市各项产业发展、促进新时代和田人民更好地走向美好生活的一个基本立足点，也是研究和田市纺织服装产业发展的自然起点。

第二节 和田历史

一、历史概述

和田历史悠久，考古发现远在石器时代，和田境内即有人类活动。我国古代《山海经》《穆天子传》也有与和田区域相关的记载。秦汉时期，今和田所属范围，相传有精绝、戎卢、扜弥、于阗、皮山等城国。至汉张骞通西域后，西汉神爵二年（公元前60年），汉朝在西域设西域都护府，包括于阗在内的诸多绿洲区域统称为"西域三十六国"，归西域都护府管辖，正式归入中国版图，成为祖国神圣领土不可分割的一部分。西汉元寿元年（公元前2年）前后，汉朝向于阗、扜弥、精绝、皮山、渠勒、戎卢诸国国王、将佐按汉制封官、授汉印。汉朝还在精绝设立禾府，管理屯垦事务。公元57年后，于阗国势转盛，邻近诸国皆服从。到魏晋时期，皮山、渠勒、戎卢、扜弥、精绝等城邦国被于阗兼并，此时的于阗就相当于现在和田地区的范围。从西汉开始，历代中央王朝都在于阗地区封王设官，进行有效管理。据已知文献，我国典籍中西域的称谓也始于汉初之时。汉代之"西域"，甚至包括到中亚更远地区。现代考古研究显示，中国古史所记载的居住于今中亚地区的大月氏、乌孙等古国，其主要史料即为汉文文献。

汉代在今日新疆维吾尔自治区范围的西域管理，通常在行政治理上以天山为界，将其分为南北两部分，即天山以北区域称为"行国"，特指天山中和天山以北草原游牧部落形成的政权，因其游牧为生，居住和族群流动，而称这种游牧政权为"行国"。而天山以南包括和田区域在内的今南疆区域，则称为"城郭诸国"。所谓"城郭诸国"，即指绿洲农耕区的政权，其主要水源为塔里木河及其支流，以及天山南麓、昆仑山北麓其他冰川内陆河流。因为这些河流而形成的绿洲，居民以农业为生，世代定居于此，建立城郭以自守，故称为"城郭诸国"。

晋武帝泰始五年（公元269年），中央封于阗王为"晋守侍中"。

唐代于阗归中央设置的西域四镇之一安西都护府管辖，于阗国自称为唐朝的宗属，王室随唐国姓李。宋代，西域地方政权与宋朝廷保持朝贡关系。宋代早期的历史文献将当时中国分为上秦、中秦、下秦三部分，以宋廷为上秦、辽朝为中秦、喀什噶尔一带为下秦，三秦合而为完整中国。元代，中央与西域设置行省制度。明代，中央设立哈密卫以统管西域事物。清代，对新疆进一步加强系统管理，公元1884年，在新疆地域建省，取"故土新归"之意，改西域为新疆。辛亥革命后，新疆为中华民国之行省。中华人民共和国成立以后，新疆和平解放，1955年，中央成立新疆维吾尔自治区，在党中央的领导下，新疆进入有史以来最快发展的新时期。

自汉唐迄今，在中国历代对西部疆域治理、对外交流的历史发展进程中，于阗始终为具有较高显示度的西域重镇。今日和田市即隶属于阗范围。1949年12月22日，和阗解放；1959年9月，改和阗为和田；1983年国务院批准设立和田市（县级），隶属中共和田地委、和田行署。

二、和田人文历史

和田自古是多民族聚居区。《新疆的若干历史问题》一书指出，历史上，最早开发新疆地区的是先秦至秦汉时期生活于天山南北的塞人、月氏人、乌孙人、羌人、龟兹人、焉耆人、于阗人、疏勒人、莎车人、楼兰人、车师人，以及匈奴人与汉人；魏晋南北朝时期的鲜卑、柔然、高车、吐谷浑；隋唐时代的突厥、吐蕃、回纥。宋辽金时期的契丹；元明清时期的蒙古族、女真族、党项族、哈萨克族、柯尔克孜族、满族、达斡尔族、回族、乌孜别克族、塔塔尔族等。每个历史时期，都有包括汉族在内各民族的大量人口进入包括和田在内的新疆地区，带来了不同的生产技术、文化观念、风俗习惯，在交流融合中促进经济社会发展，成为新疆地域共同的开拓者。在长期的历史发展中，新疆各族人民共同创造的各民族文化成为中华文化不可分割的组成部分，共同构建了多民族多文化的中华民族文化特色。

目前，新疆共同生活着56个民族，是全国民族成分最全的省级行政区之一。超过100万人口的有维吾尔族、汉族、哈萨克族和回族。其中，位于南疆最南端的和田市，同样是一个多民族聚居区，境内有维吾尔族、汉族、回族、蒙古族、藏族、苗族、朝鲜族、柯尔克孜族、哈萨克族、土家族、塔吉克族、乌孜别克族、东乡族、达斡尔族等十几个民族，其中维吾尔族占主体，为人口总数的80%左右。

三、和田绿洲的历史特征

1. 绿洲区域与城郭方国

中国绿洲是人类文明发祥地的重要组成部分。塔里木盆地各绿洲在较早历史时期即有人定居生活，其社会组织发展形态即为"城郭诸国"，其生产方式以平原绿洲区域的定居农耕为主。作为重要绿洲之一的和田区域，因此形成的城郭，既是王城，又是居民主要居住地，也是主要商业贸易驿站。绿洲对于西域诸国，既是自然地理生态的反映，在历史发展进程中也逐渐成为一种生产形态和社会形态。

2. "丝绸之路"的绿洲驿站

早在汉代对于西域的直接管辖之前，一条沟通中国到中亚乃至欧洲的商业贸易通道就已逐步成形，和田绿洲在汉唐时期更是西域的重要通道。历史上，一般将经今若羌往西，沿着昆仑山北麓各绿洲城郭诸国"跳跃"前行的西域通道，成为"西域南道"。通过这条文明交通路线，东西方在物质层面的丝绸、宝石、玉器、香料、陶瓷，乃至珍奇异兽，实现互通；在精神层面的思想、文化、宗教远达万里。中原先进的丝织养蚕、耕作技术、生活方式乃至社会组织方式不断提高着绿洲区域的发展水平。

和田市位于"丝绸之路"中国境域的西端，是连通历史中亚西亚绿洲国家、今日中亚各国的重要商贸中转地，与西亚中亚各国在文化、贸易、交流中有着悠久的传统。因此在新时代的对外国际交流和"一带一路"倡议的实施中，可以发挥独特的作用。

3. 绿洲的贸易与生产特征

在古代和田，绿洲平原农耕区域与南部昆仑山高山游牧生产方式存在贸易关系。通过绿洲之间的跳跃贸易，绿洲城市架起了沟通东西方的商业与文化桥梁。因此，贸易成为绿洲重要的生产方式，在历史上，包括和田在内的绿洲地带，对于"丝绸之路"上的贸易从来不是被动的。历史上，作为西域重要贸易站的和田绿洲，很重要的一部分收入即来自中转贸易收入，因此也主动参与商业贸易，以及积极为商贸渠道服务。

4. 和田的丝绸生产历史悠久

因绿洲地带各城郭方国的农耕特征和地域上的相对隔离，绿洲自古以来自然地形成了基本生产的自给自足，绿洲人民的手工业因地制宜，相对发达也成为其显著特征。实际上，历史上和田地区人民不仅见证着源源不断来自中原的丝绸贸易，同时早在汉代即已从中原获得发源于我国的养蚕技术，并逐渐成为丝绸的生产地。

隋唐时代，"于阗锦"已经成为包括敦煌在内的西域各地的著名商品。直至如今，和田河流绿洲之地，依然桑田遍地，养蚕缫丝，织染手工依旧是和田城乡的固有传统，著名的艾德莱斯绸就是和田人民传统纺织业和服饰文化的特色表现。和田地区人民纺织服装行业相关地毯、丝绸、纺织、刺绣等手工业，依旧是当地人民群众较为普遍的传统技能，并传承创新，继续创造出独具地方文化特色的商品。

5. 远方贡献与玉器交易

于阗是著名的和田玉出产地。考古发现，中原自商周开始，即一直接受来自万里之遥的和田美玉。我国古代历史上所谓的"禺氏边山之玉"，即有可能特指于阗玉。此后历代王朝，皆以和田玉为贵重。和田美玉逐渐成为中华民族玉文化不可或缺的内容，成为中华服饰礼仪的重要组成部分（图2-1）。对于和田绿洲，和田玉是丝绸之路的重要贸易商品，也是一个面向中华文化圈的独特的经济资源。历史上，中央和于阗地方对于和田玉资源通常由官府管控，是古代于阗对中央政府朝贡和输入的重要物品，自然也成为于阗绿洲的重要经济来源之一。

四、绿洲生产方式

从实践来看，构成和田历史重要组成部分的绿洲生产方式与绿洲本身的自然地理一样，发展繁荣既受到自然地理因素的制约，也

(a) 汉"皇后之玺"(和田玉,陕西省博物馆)

(b) 清"大禹治水"山子(和田玉,故宫博物院)

图中刻文有:"于阗采玉人,淘玉出玉河。秋时河水涸,捞得璆琳多……"
(c) 清乾隆"采玉图"山子(和田玉,故宫博物院)

图 2-1 和田玉

受到技术和贸易变迁因素的严重影响。作为沟通东西方贸易的重要通道，横贯亚欧大陆的路上"丝绸之路"大约在公元 10 世纪中期，因以中国为中心的远洋贸易技术的进步，海上"丝绸之路"逐渐成为中国与中亚、西亚乃至连通非洲东部和欧洲贸易的主要通道，因其运输的方便，兼之贸易品种从丝绸、香料等小件物品逐渐转向陶瓷、茶叶等商品贸易。海上贸易日益繁荣，成为古代"丝绸之路"的主要渠道，取代路上丝路的原有作用，和田等西域绿洲城市逐渐失去在中西贸易和文化交流中的重要地位。

丝绸之路与和田的历史经纬，是谋划和田发展的又一个历史参照。在和田未来的产业发展和区域发展中，要从历史中发现绿洲区域的发展模式和发展特点理解绿洲城市的发展局限，从而充分立足全国乃至国际生产贸易的大视野，科学谋划和田经济和产业发展的有效路径。

第三节 和田区域发展的历史地理禀赋

19世纪的英国地理学者霍尔迪奇（Thomas Holdich）曾说，"由于对地理的无知而付出的代价是绝对难以计算的"。

绿洲的历史地理，是构成和田发展的先天制约或者特殊资源的基本前提，在这个意义上，和田的产业发展，历史地理条件自成其发展基础，似可以作为区域产业发展研究的一个基础性要素，我们称为历史地理禀赋。

一般来讲，研究地理因素在区域发展中的作用，并依此构建区域发展的战略规划，是一切产业发展和政策研究的必要环节，具有普遍意义。但就目前来看，对于新疆维吾尔自治区乃至南北疆相关地域如喀什、和田等区域的产业规划，依据特定产业（如纺织服装产业）发展特征的比较分析和研究比较深入，但更多立足于产业经济发展所关注的资源禀赋（或称要素禀赋），即特定地区的包括劳动力、资本、土地、技术、管理等方面的生产要素，并以此构建区域产业布局和产业规划。其中不乏将新疆地区的纺织服装产业发展要素与我国东部、中部，尤其是东南部沿海的产业发展较好的区域发展要素相提并论的现象。这种研究，对于宏观区域（如新疆维吾尔自治区层面），或一些先天性在产业要素资源上具有特殊优势（如喀什、伊犁的区位优势等），确实有一定的前瞻性和指导性。但是仅从经济视野、关注经济发展要素，构建南疆其他地区的纺织服装产业规划，就极容易出现产业规划的水土不服和难以实施的情况。

出现以上情况，很大的原因是在新疆地区的产业规划和布局中，依旧多关注产业经济数据的分析比较，而缺乏对于新疆地区人口、地理、历史文化的深入考察。这一点，对于和田市这样的绿洲地区纺织服装产业的发展尤其值得注意。也就是说，探讨未来和田纺织服装产业的发展路径，必先立足实际，深入考察和理解和田绿洲的发展历史，并由此深入考察其数千年来生产生活历史中，历史地理禀赋是如何影响其生产生活形态，如何确定其产业布局和发展模式的。

而历史地理禀赋对于和田市的影响是显著而具体的。

1. 绿洲构成了和田的历史

绿洲是一种自然地理，是一种重要的人文地理，同时，绿洲也是一种特殊的人类生产生活方式，是农业文明、游牧文明之外的重要的人类文明形态。中国绿洲是人类文明发祥地的重要组成部分。绿洲作为一种生产方式，其主要存在于亚欧大陆，日本学者松田寿男（Matsuda Hisao）在研究丝绸之路历史中，概括性地将地中海东岸、阿拉伯半岛，直至中国新疆南疆地区作为古代历史上的"绿洲三角带"，这基本上就构成了连通东方（中国）与西方（地中海地区）的今日所谓丝绸之路的核心中间贸易区域。而中国以和田为典型的绿洲，则形成中国面向西方的门户。

2. 绿洲发展的封闭性和不足

绿洲，顾名思义是被沙漠戈壁等环境包围下的人类活动区域。这种自然的相对隔离而带来的生活、生产和社会形态的相对封闭性，是历史上绿洲社会的基本特征。在和田的历史进程中，因为沙漠和高山的阻隔，绿洲与绿洲相距甚远，其相互之间的联系，以及整体与外界的联系，都客观上受到极大的约束。同样地，就地处南疆的绿洲来说，在农业发展和物质生产上，长期相对同质化和单一化。其稳定性、封闭性特征均较明显。这种因自然条件的隔离带来的影响，既是生产生活的相对封闭，也是经济条件和物质条件的相对欠缺。

3. 绿洲发展和产业进步的外来影响

影响绿洲社会发展的因素，除自然环境重大变迁（如内流河改道或水源枯竭）的因素之外，外来文化和生产方式的进入，成为改变绿洲社会生产生活方式的主要动力，是促使绿洲社会发展变迁的核心因素。例如，古代于阗作为最初、最重要的丝路通道"城郭"，最早于中原学习到蚕桑丝绸技术，并发展出长期存在的、具有特色的和田丝绸手工业及传统纺织服装手工业。绿洲受外力影响下的社会文化发展，因不同时期的变化而变化。隋唐时代的佛国重镇于阗，到今日多民族多文化聚集的和田市，就是绿洲历史地理的重要表现。同样，以维吾尔族为主体的多民族和谐共处的和田地区民族文化，对于未来和田发展纺织服装产业的文化特色具有很重要的影响。

4. 绿洲经济模式的贸易型特征

放眼于阗的历史发展，其经济上作为古代丝绸之路的重镇，政治上作为中央对于西域管理的重镇的地位是显而易见的，但经济和政治上的这种角色，是不可分割的。从和田地区经济发展来讲，因为贸易而繁荣，因为繁荣而重要，由此极大提升了其政治军事重镇的地位。历史上，和田长期作为丝路南道上的主要绿洲的存在，保障了中央对于中亚的交通道路。绿洲既是沙漠之中的生命之源，也是政治军事设关控制的冲要地带。但就绿洲本身的生活经济发展而言，贸易型特征也十分典型，应该说，历史上绿洲王国充分发挥其地理优势，服务于沟通中外的"丝绸之路"贸易，参与"丝绸之路"贸易之中，并发展出自身的特色贸易产品。如和田的丝绸、玉石即是和田绿洲历史地理值得注意的发展禀赋。

5. 绿洲发展的有限性：环境制约着和田的发展规模

绿洲自然地理和环境的局限性和脆弱性，客观上决定了绿洲区域经济生产乃至绿洲自身发展的有限性。同样在西域的汉代著名三十六国之一的楼兰古国，以及位于和田境内的精绝古国（尼雅遗址）很大程度上是因为环境的变迁、绿洲的消亡而消失或迁徙。今日和田市作为和田地区的中心城市，而古代于阗古城则已成考古遗迹。绿洲的这种脆弱性，客观上使绿洲发展受到局限。这种局限性，既表现为前述的绿洲生活和人口发展规模，也表现为其生产方式的相对单一及生产资源、物产的相对局限，以及今日所谓经济发展之资源要素的相对局限。在历史上，无论中外之绿洲，似乎从来没有作为物质生产丰富的发达地区而存在的生产形态。

在历史上，绿洲地带的地理现实，也对于和田的经济和生活发展规模形成了限制。实际上从历史来看，和田的人口规模相较平原地区都比较小。在汉代，于阗国的人口大约2万人。隋唐盛时，作为西域四镇之一的于阗人口尚不足9万人。而天宝初年（公元742年），东南的杭州郡的人口则在58万人以上（《中国历代户口、田地、田赋统计》，梁方仲）。时至今日，和田的发展受限于绿洲生态客观条件的制约和影响仍然是巨大的。环境的制约，土地的有限性，以及远离中央的区域实际，构成了和田区域发展中的强大制约。绿洲的地理现实，在新时代同样对和田的城市化进程和发展规模产生显著的影响。

第三章
和田市社会经济与纺织服装业发展状况

第一节 和田市经济发展环境与现状

一、基本经济环境

从经济发展上看,地处南疆的和田依然属于国内经济发展相对落后地区,在全疆区域也处于相对落后水平。客观上新疆受地理位置、交通条件、自然环境、人文环境等因素影响,经济发展水平相对落后,南北疆经济差异化非常明显。"南疆三地州经济发展缓慢,其产业布局水平较差,是新疆区域中布局水平最低的区域,而且与其他三大区域差距(天山南坡、北疆北部沿边、天山北坡)较大。"(《丝绸之路经济带背景下新疆产业发展问题研究》,龚新蜀,2020)南疆绿洲整体上依然是以农业传统生产方式为主的整体发展格局。正因为如此,促进和田加快发展是新疆维吾尔自治区,乃至党中央极为重视的问题。

和田市地处南疆南部,从其产业发展区位看,远远偏离新疆省会城市及其他中心城市。这种基础性区位劣势来源于绿洲的地理特点,其对于产业发展影响极大,严重制约着一切经济要素的匹配,从而构成影响和田未来纺织服装产业规划的强约束型限制,结果是南疆区域整体经济发展的相对落后,以及包括和田在内的大部分区域目前尚处于传统农耕经济发展阶段。

这种客观条件和自然基础，极大增加了和田市各项产业发展的要素配置成本，限制了经济发展要素的流通和聚集，降低了经济效益，进而影响到整体发展的方方面面，是迟滞和田市现代化进程的主要障碍。实际上，包括和田在内的南疆区域，人均占有耕地、牧草地基础差，农牧业基础薄弱，随着人口基数的逐步增加和工业用水的增多，近年来水资源与环境的承载力也有下降趋势。这些资源约束和发展不充分的经济环境，对于纺织服装产业发展必然产生重要不利影响。

二、和田市发展纺织服装产业相关经济指标

和田市及和田地区整体经济发展环境，乃至人口、土地等资源，对于和田市纺织服装产业的规划和发展，既是基础也是重要的经济要素。现将立足和田发展的实际整理成相关的数据，以供参照（表3-1~表3-5）。

表3-1　和田及南疆三地州2015年人均耕地与牧草地

单位：亩（1亩≈666.67平方米）

地区	人均耕地	人均牧草地
新疆	2.84	35.31
克州	1.51	85.09
喀什	2	6.05
和田	1.29	18.74

数据来源：《2016新疆统计年鉴》。
转引自：《基于包容性增长的新疆南疆三地州居民幸福感提升研究》，朱金鹤、崔登峰，2018。

表 3-2　和田地区各县市 2015 年城乡人口结构及分布

单位：%

县市	城镇人口占比	乡村人口占比
南疆三地州	24.743	75.257
和田地区	26.606	73.394
和田市	85.362	14.638
和田县	4.3156	95.684
墨玉	16.665	83.335
皮山	12.867	87.133
洛浦	12.441	87.559
策勒	19.93	80.07
于田	31.928	68.072
民丰	35.176	64.824

数据来源：《2016 新疆统计年鉴》。
转引自：《基于包容性增长的新疆南疆三地州居民幸福感提升研究》，朱金鹤、崔登峰，2018。

表 3-3　和田地区各县市 2015 年人口总数

单位：万人

县市	人数
和田地区	232.43
和田市	34.83
和田县	32.75
墨玉	57.74
皮山	29.61
洛浦	28.76
策勒	16.67
于田	28.22
民丰	3.85

数据来源：《2016 新疆统计年鉴》。
转引自：《基于包容性增长的新疆南疆三地州居民幸福感提升研究》，朱金鹤、崔登峰，2018。

表 3-4　和田地区各县市 2015 年民族人口结构及分布

单位：%

县市	汉族	少数民族	其中维吾尔族
南疆三地州	5.504	94.496	91.35
和田地区	3.065	96.935	96.722
和田市	10.306	89.694	89.305
和田县	0.618	99.382	99.272
墨玉	2.342	97.658	97.611
皮山	1.279	98.721	97.945
洛浦	1.702	98.298	98.231
策勒	1.752	98.248	98.203
于田	1.658	98.342	98.23
民丰	9.114	90.886	90.649

数据来源：《2016 新疆统计年鉴》。
转引自：《基于包容性增长的新疆南疆三地州居民幸福感提升研究》，朱金鹤、崔登峰，2018。

表 3-5　和田市与和田地区部分县 2020 年经济指标比较

县市	和田市	和田县	洛浦
行政区域面积（平方千米）	584	41080	14114
生产总值（万元）	1142800	463611	426521
棉花产量（吨）	94	406	7
规模以上工业企业（个）	24	17	16

数据来源：《2021 年中国县域统计年鉴》（著者整理）。

根据以上简要统计，表 3-1 显示，包括和田市在内的和田地区，居民自然耕地资源欠缺，实际处于以较少的土地供养相对较多的人口，居民收入和经济发展受自然条件制约明显，成为和田地区经济相对落后的客观因素。

表 3-2 显示，受经济发展水平的影响，和田地区整体城镇化水平不高，和田市因为在行政职能上的独特性，具有较高的城镇人口比例，一方面构成经济发展区位比较优势，为和田市在特定产业布局中成为区域经济、科技和创新中心奠定了基础，另一方面也显示了和田地区总体农业人口比重大的现实，将制约纺织服装产业的技术升级，为其产业结构和整体生产形态带来直接的影响。

表 3-3 中区域（和田地区）人口总数，结合绿洲的地理特征、南疆广阔空间及经济空间隔离的特点，再一次提示了发展纺织服装产业的市场空间小、经济发展不活跃、要素成果过高等强制约基础。

表 3-4 中关于和田市及全区乃至南疆民族人口结构及分布具有显著的区域文化特征，对纺织服装产业人力资源的基础、纺织服装产业的生产及布局、设计与文化等方面，都会产生直接而显著的影响。

表 3-5 中关于 2020 年和田市发展纺织服装产业相关的经济指标，对于理解未来纺织服装产业的发展区域地理、原料、企业和市场环境等有较为清晰的了解。这说明，新疆维吾尔自治区作为我国主要的棉花产地，其资源优势构建着新疆纺织服装产业的重要基础，但对于和田区域却难以构成资源集约优势。这也提醒我们，规划和田市纺织服装产业发展，要立足和田市具体的资源禀赋和发展环境。

第二节　和田市纺织服装业发展现状

目前，和田市是中共和田地区、和田市、和田县、和田军分区、农十四师等党政军机关驻地，为和田地区的政治、积极、文化中心，对于发展纺织服装产业具有相对集中的区域人力资源和政策环境优势。即便如此，目前和田纺织服装产业的发展仍处于较为初级的发展阶段，和田纺织服装产业从传统手工业、非遗文化产业向现代产业发展的转变，还需跨越较大的鸿沟。

一、纺织与服装

和田纺织业主要包括棉纺和艾德莱斯绸。

1. 棉纺

2009年和田地区种植面积43.51万亩，棉花总产5.42万吨。和田地区现有棉纺企业4家，分别是和田棉纺织厂、和田联兴纺织有限公司、和田天王实业有限公司、昆仑棉纺有限责任公司，总生产能力为12万纱锭。在建棉纺企业1家，即和田汇联丰纺织有限公司，分两期建设5万纱锭生产能力。现有棉纺企业产品主要是32支纱、21支纱和棉布，产品均销往内地和用于当地棉包布。棉纺企业产品运输距离长、流动资金周转时间长、各项成本高，受外部因素影响显著，经营较为困难。

2. 艾德莱斯绸

为和田民族历史文化遗产和民族特色产业之一。和田现有茧丝绸生产企业 2 家，即和田丝绸有限责任公司与和田市吉亚乡艾德莱斯绸厂。其中吉亚乡艾德莱斯绸厂的艾德莱斯绸包括传统花色以及天然丝织染，品种较多。作为和田地区旅游产品，除内销喀什、阿克苏、阿图什、库尔勒、乌鲁木齐、西安、苏州、北京等地外，还外销巴基斯坦、沙特阿拉伯、哈萨克斯坦、乌兹别克斯坦、印度、日本、法国等国家和地区。

二、地毯产业

手工羊毛地毯为和田民族历史文化遗产和民族特色产业之一。据和田地区手工羊毛地毯行业协会的一份调查显示，截至 2018 年底，和田地区集群内企业户数 65 家，主要产品为 360 道手工羊毛地毯、高档次手工羊毛地毯、机织羊毛地毯等，其总产量为 50 万平方米，地毯架子为 3.8 万副；集群内全部从业人员达 2.5 万人，集群全行业主营业务收入 4.2 亿元。和田地区地毯企业先后参加 2016 年中国（青海）藏毯国际展览会，2017 年中国—亚欧博览会，2018 年中国国际地面材料及铺装技术展览会。为加快促进和田地毯产业发展，行业协会提出了"集群发展""绿色发展"理念，"规划建设时尚服饰织造园"的设想，以及"推进纺织产业由劳动密集型向生产设备智能化、产品研发差异化方向提升"的发展思路。

重视专业人才培训和研发设计。为加快纺织行业发展，新疆维吾尔自治区设立了地毯图案设计中心。和田地毯协会与天津轻工学院等举办企业结构与谈判学培训班、地毯图案设计和质量检验培训班、地毯图案设计短期培训班。2017年举办了高档地毯编织培训。完成了DB65/038—2000《手工打结和田羊毛地毯地方质量标准》等6个标准的制（修）订工作。成立了和田地区纤维检测中心，规范和田地毯的质量标准。和田地毯有限责任公司"和玉"牌地毯获得"中国驰名商标"称号。

该报告同时指出，和田地毯产业发展依然存在较大困难。一是拓宽市场难、从业人员专业技术水平低，二是劳动力价格有上升趋势，三是地毯后整理技术弱。

三、其他服装相关产业

2017年8月，国家发展和改革委员会牵头组织对新疆纺织服装产业发展现状开展中期评估报告提出："建议在南疆地区增加'农副产品加工、手工艺品、制鞋和电子'四个行业支持政策的试点研究。"2018年8月20日自治区出台了《自治区支持南疆四地州部分劳动密集型产业发展有关政策的通知》（新政办发〔2018〕78号），对南疆四地州的电子组装、鞋业、假发、玩具等劳动密集型产业发展给予政策扶持。2018年10月27日自治区财政厅、工信厅、人社厅联合印发了《新疆维吾尔自治区南疆四地州部分劳动密集型产业专项资金暂行办法》(新财建〔2018〕496号),对南疆四地州从事电子组装、鞋业、假发、玩具等劳动密集型企业给予岗前培训、社会保险、一次性新增就业、产品出疆运费、电费的补贴。

截至2019年6月底,南疆四地州电子组装、鞋业、假发、玩具企业共计220家,带动就业6.6万人。其中,和田地区110家(电子装配企业20家、制鞋企业67家、假发企业22家、玩具企业1家,带动就业2.3万人)。

第四章
和田市发展纺织服装产业的国内外环境

第一节 和田市发展纺织服装产业的政策环境

一、纺织服装产业成为新疆重点发展产业

党和国家对于新时期新疆发展极为重视,第二次中央新疆工作座谈会以来,以习近平同志为核心的党中央高度重视新疆工作,从实现新疆社会稳定和长治久安总目标的战略高度出发,做出了支持新疆发展纺织服装产业带动就业的重大战略决策。2015年1月8日,国务院专门印发了《关于支持新疆纺织服装产业发展促进就业的指导意见》(国办发〔2015〕2号)。文件立足服务民生,立足原料和劳动力资源优势,无疑是符合新疆发展实际需要的一个宏观指导意见。

1. 促进新疆纺织服装产业发展的优惠政策

在《关于支持新疆纺织服装产业发展促进就业的指导意见》政策指导下,国家和新疆维吾尔自治区实施了多项促进新疆纺织服装产业发展的优惠政策。主要包括:

(1)设立纺织服装产业发展专项资金。积极在新疆相关各地州建设纺织园区,并对其配套基础设施和标准厂房建设以及对重点纺织服装建设项目给予支持。

(2)实施财税调配政策。将新疆维吾尔自治区纺织服装企业缴纳的增值税,用于支持纺织服装产业发展。

（3）企业员工培训补贴政策。对纺织服装企业新招录就业的新疆籍员工给予岗前培训费用补贴。

（4）实施企业社保补贴政策。对纺织服装企业新招录就业的新疆籍员工缴纳的社保费用给予补贴。

（5）金融支持。包括设立"银纺贷"基金，支持小微企业发展。对纺织服装企业固定资金和流动资金贷款和2016年1月1日以后取得的设备融资租赁贷款给予财政贴息。引导疆内金融机构信贷投放向纺织服装产业倾斜。

（6）低电价优惠政策。对符合条件的纺织服装企业生产，执行每度电0.35元的优惠电价政策。

（7）运输补贴。针对疆内企业运输成本高的实际，对地产纺织品服装（纱线、布、针织品、家用纺织品、产业用纺织品、地毯等）出疆运费和使用新疆地产棉给予补贴的政策。

2．有重点实施纺织服装产业规划建设

（1）产业基地。建设阿克苏纺织工业城、石河子经济技术开发区、库尔勒经济技术开发区、阿拉尔经济技术开发区等园区，打造综合性纺织服装产业基地。

（2）商贸中心。建设"乌鲁木齐、石河子、兵团第十二师等新疆国际纺织品服装服饰商贸中心，纺织服装机械及零配件和服饰辅料交易中心"。

（3）有效承接东中部产业转移。"抓住东部沿海地区纺织服装产业梯度转移机遇，充分利用喀什、阿拉山口、霍尔果斯、乌鲁木齐等地海关特殊监管区域，承接产业转移，发挥海关特殊监管区域统筹国际国内两个市场的功能作用，促进新疆纺织服装产业发展"。

（4）培育特色产业和中小企业。"大力发展民族服装服饰、穆斯林服装服饰、手工地毯、刺绣等特色产业"。

（5）南疆定位。"喀什（含兵团第三师，下同）、和田（含兵团第十四师，下同）等南疆人口集中区域特别是少数民族聚居区发展服装服饰、针织、地毯等劳动密集型产业"。同时，建设"喀什服装服饰专业市场、和田地毯专业市场、霍尔果斯纺织品边贸市场"。

3. 新疆纺织服装产业规划发展政策措施

随着一系列促进和支持新疆纺织服装产业政策相继出台，为新疆纺织服装产业的规划发展提供全方面的政策保障。主要有：

（1）《新疆关于发展纺织服装产业带动就业的意见》（新政发〔2014〕50号），落实国家支持新疆纺织服装产业发展促进就业战略部署。

（2）《关于印发进一步推动南疆纺织服装产业发展促进就业实施方案的通知》（新政办发〔2017〕184号）。

（3）《关于加强新疆纺织服装产业带动就业相关管理工作的意见》（新政发〔2017〕153号）。

（4）《关于印发新疆纺织服装产业发展规划（2018—2023年）的通知》（新政发〔2017〕154号）。

（5）《关于促进新疆纺织服装产业健康可持续发展的指导意见》（新政发〔2017〕155号）。进一步优化纺织服装产业结构、补齐发展短板，落实纺织服装产业促进就业。

（6）《关于进一步完善自治区纺织服装产业政策的通知》（新政办发〔2018〕34号），以加大政策扶持力度。

（7）《关于加强棉纺在建项目管理推进产业高质量发展的通知》（新政办明电〔2018〕67号），以控制棉纺产能过快增长，引导棉纺产业高质量发展，促进服装、家纺等终端产业发展。

（8）《自治区支持南疆四地州部分劳动密集型产业发展有关政策的通知》（新政办发〔2018〕78号），将南疆四地州电子装配、鞋业、玩具、假发等劳动密集型产业纳入政策支持范围。

（9）《关于印发〈新疆维吾尔自治区纺织服装产业专项资金管理办法〉的通知》（新财建〔2018〕435号），以保障纺织服装专项补贴资金发挥作用。

（10）《关于印发〈新疆维吾尔自治区南疆四地州部分劳动密集型产业专项资金管理暂行办法〉的通知》（新财建〔2018〕496号）。

（11）《关于印发〈新疆维吾尔自治区纺织服装信贷风险补偿基金运行管理暂行办法〉的通知》（新财建〔2019〕86号），着力解决纺织服装企业特别是小微企业融资难问题。

以上政策措施，可以看到党和国家对于新疆纺织服装产业发展，不仅给予特殊政策鼓励，而且形成一整套产业指导意见，为新疆纺织服装产业发展提供了有力保障，在实践上极大促进了产业的快速发展。

二、新疆纺织服装产业发展的显著成效

新疆大力发展纺织服装产业相关政策实施以来，极大促进了自治区纺织服装产业的加快发展。2019年自治区工业信息化厅的一份报告显示，"新疆棉纺产业规模和技术水平居国内前列，截至目前，全疆棉纺纱锭已达1809万锭，其中地方1273万锭（其中，环锭纺688.8万锭、气流纺53.76万头、涡流纺2.33万头），兵团536万锭，比2013年新增1100多万锭，已经成为我国最重要的优质棉纺加工基地之一"。"织造、服装服饰、家纺、针织等产业初具规模，产业整体实力和发展水平得到了提升"，基本建成西北地区和丝绸之路经济带核心区服装服饰生产基地。

2022年3月，《中国纺织》专题报道了新疆纺织服装产业的发展成效：

（1）产业基础壮大。已经形成由纺织原料、纺纱、织布、印染、服装、家纺、针织、产业用纺织品等多个产业板块组成的产业体系。

（2）承接东部企业有成效。至2021年底，新疆已承接国内其他省、区、市1100余家纺织服装企业来疆投资发展。

（3）棉花及棉纺产业成为支柱产业。2021年，全疆棉花种

植面积达 3759 万亩，总产量达 512.9 万吨，占全国棉花总产量的 89.5%，约占全球棉花总产量的 20%，棉花就地转化率达到 35%，棉花机棉纺产业已成为新疆重要支柱产业和促进农民增收致富的民生产业。

第二节　新疆纺织服装产业"十四五"重点方向

2022年，新疆维吾尔自治区人民政府印发了《关于加快承接纺织服装等劳动密集型产业转移促进就业的实施意见的通知》（新政发〔2022〕31号），将纺织服装、电子产品等劳动密集型产业列入"十四五"期间重点发展的产业，新疆纺织服装产业发展的政策连续性、稳定性，对产业发展相对薄弱的南疆纺织服装产业，继续利用中央、自治区的支持政策促进发展，提供可预期的战略机遇期。

与此同时，《关于加快承接纺织服装等劳动密集型产业转移促进就业的实施意见的通知》（以下简称31号文件）对于新疆纺织服装产业在"十四五"期间的发展，提出了更高的工作目标和要求。

一、"三个转变"的发展目标

一是推动纺织服装产业实现从单一棉花原料路径发展向以棉花和化纤为代表的多元化原料路径发展转变，增强产业链供应链的弹性和韧性。

二是推动纺织服装等劳动密集型产业从初加工为主向科技、时尚、绿色为方向的全产业链转变，推动产业提质增效。

三是引导产业逐步实现从"政策洼地"，向市场化为主的"产业集聚高地"转变，推动产业高质量发展。包括着力加强新疆"高标准建设国家优质棉纱基地"建设,加快推进设立"国家级棉花棉纱交易中心"建设,提高新疆棉花就地转化率,延伸棉花产业链。

二、更高的就业目标

31号文件要求,"十四五"期间,全疆纺织服装等劳动密集型产业新增就业人数45万人以上,其中,南疆地区新增就业人数占比60%以上。与此同时,要求到2023年底淘汰3万锭以下(含3万锭)规模、装备落后的棉纺产能。南疆四地州新建棉纺项目纱锭规模不低于10万锭,其他地区不低于20万锭。文件对南疆各地州发展纺织服装产业,提出了更高的要求。

三、突出绿色发展要求

31号文件明确了对于印染企业的绿色环保发展标准。新疆印染产业尽管起步较晚,但是文件仍旧指出要"高标准发展印染产业,推进节能低碳和清洁安全生产"。新建的印染企业和纺织服装企业印染环节向阿克苏、库尔勒、石河子、阿拉尔集聚。"其他地区已形成织布、服装、家纺产能规模和集聚效应的工业园区或新建含印染环节的纺织服装全产业链项目建设的配套印染项目,按照一事一议原则审核。"未来新疆纺织服装产业的发展,必定是以"绿水青山就是金山银山"发展理念为指导,严格印染行业准入,严守生态保护红线,对标绿色发展。

同时,"鼓励印染企业使用无水、少水印染或数码印花等先进装备和技术，注重水资源保护和清洁生产，对纺织印染企业新建盐回收或预处理设施、污水处理各项指标符合自治区印染废水排放标准要求的，自治区财政安排资金给予企业一次性2000万元的投资补贴"。到2023年底，印染企业水重复利用率不低于45%，全面采用印染废水脱盐处理、高浓废水治理回用及污泥干化等先进技术，实现印染污水100%处理和达标排放。

注重"扩大印染产品疆内使用率"，即推动已投产和新建印染项目立足本地深加工，给予企业水质软化处理、印染废水预处理和除盐处理费用补贴。自2023年起，印染产品未达到疆内使用率70%的印染企业，将予以减半补贴。

四、重视产业园区的发展方式

以产业园区为载体是新疆纺织服装产业发展最重要，也是当前最主力的发展方式。31号文件进一步提出，要"加强园区建设和产业集聚，提高产业承载能力，加快培育产业转移示范区、建设产业集聚重点园区"。其中，重点"依托阿克苏纺织工业城、库尔勒经济技术开发区、阿拉尔经济技术开发区、石河子经济技术开发区综合纺织服装生产基地""加快培育3～5个国家级产业转移示范区"。

南疆发展同样重点推进特色园区建设。"十四五"规划提出，支持南疆四地州在各类工业园区和乡镇创建各具特色的消费电子、鞋帽、玩具、假发、箱包、皮具等劳动密集型产业加工基地。鼓励全疆各地积极承接产业转移，抓住东部沿海地区纺织服装产业梯度转移机遇，鼓励以代工生产和来料加工为主的企业在疆发展。重点支持南疆地区布局发展，在条件成熟的地区打造若干个服装加工基地，如喀什经济开发区、库车经济技术开发区、和田县制鞋工业园、洛浦县发制品产业园、策勒县消费电子产业园和兵团草湖经济技术开发区等园区建设。

第三节　新时代中国纺织服装产业的新发展

一、科技的极大进步和广泛的技术创新

技术进步始终是决定产业发展和生产方式的核心要素，技术进步在一定程度上同样定义产业的生产内容。对于纺织服装产业来讲，从纺织、材料、制造到营销、文化上的创新发展，极大地改造着纺织服装生产的产品形态、商业形态、价值形态。在织造环节的科技进步，对于纺织服装企业的生产效能、产能规模、科技含量提出了更高的新标准，不断对市场中旧有产能发挥"淘洗"作用。在服装领域的生产终端，智能制造的发展与互联网技术的结合，加速了劳动力的迭代，极大突破了生产的空间限制，也促进了具有现代制造的产能聚集。而在设计环节，对于纺织服装产品的整体性设计标准日益突出，从材料、功能、文化、创意、美学等各方面都逐渐汇集到设计创意，并以此构建出新时代的"时尚"观念。

二、区域发展不平衡仍广泛存在

技术进步的发展规律表明，技术进步的强引领作用，并不能立即取代纺织服装产业在全球，乃至一国之内产业的不均衡发展实际，从而为国际之间的产能转移，和一国之内的产业结构调整提供

可能。中国的纺织服装产业的日新月异，与全国各区域的不同步发展，同样是较为长期并存的客观状态，这就为地处西部内陆地区的和田市发展纺织服装产业提供了可行性。

第四节 中亚周边国家的发展与和田市纺织服装产业

一、中亚周边国家的纺织服装产业发展情况

中亚五国是"丝绸之路"经济带中的重要地区，是新疆纺织服装产品向西出口距离最近、最重要的市场，通过新疆出口的纺织品服装，85%以上都销往中亚五国及俄罗斯。根据WTO数据，2016年我国向中亚五国共出口纺织服装商品64.3亿美元，其中服装42.8亿美元，占66.6%，国别结构如图4-1所示。

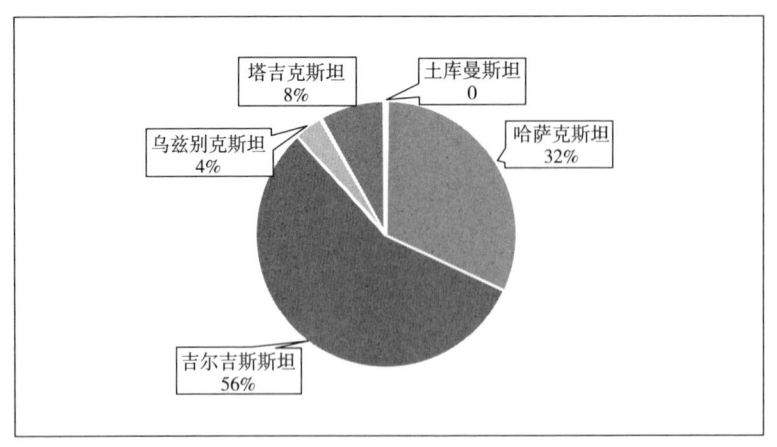

数据来源：WTO。

图4-1　2016年我国出口中亚国家纺织服装商品占比情况

引自：《新疆纺织服装产业发展报告》，中国纺织工业联合会产业经济研究院、中国纺织经济研究中心，2018年1月。

中亚五国有6950万人口，但轻工业基础薄弱，纺织服装产品有较大市场容量，尤其是美军自阿富汗撤军以后，中亚地区的稳定更有向好的趋势，该区域经济发展未来仍具有较好潜力，为我国纺织服装向西出口带来较好的预期。

（1）吉尔吉斯斯坦。经济稳定增长，但人均GDP及国民收入较低，总体消费水平不高，纺织品服装以低端为主。研究显示，该国年轻人热爱现代服饰，但传统服饰仍有消费市场。该国妇女热爱传统刺绣，男子多穿着长袍、皮袄，佩戴卷檐毡帽。

（2）哈萨克斯坦。该国油气资源、矿产资源丰富，经济相对发达，但纺织等轻工业发展布局尚未得到重视。居民纺织品服装消费能力强，居民消费受西方国家文化影响强烈，2016年，哈萨克斯坦从世界进口服装总额为4.2亿美元。

（3）乌兹别克斯坦。该国油气资源、矿产资源丰富，在发展布局上，目前仍侧重建筑、能源、有色冶金、机械及高品质农产品发展。工业技术水平上有差距，轻工业发展相对薄弱。

（4）土库曼斯坦。该国战略产业虽为油气等资源型产业，但纺织业得到较大重视，发展较快，可整体发展相对水平不高。

（5）塔吉克斯坦。油气资源、矿产资源的开发，在该国经济发展中占比重大。重点扶持化工等产业发展。国家将轻工业和食品工业作为优先发展产业，但限于技术及创新能力，发展水平受限。

中亚五国在古代丝绸之路，以及新时代"一带一路"经济带上，都具有重要的地位，它天然是新疆对外开放的第一市场，同时在历史地理上都是中国向西开放的重要邻邦。就实际经济效益和国际市场细分的角度看，新疆尤其是南疆地区，发展纺织服装产业的对外出口重点，首先应该放在中亚地区。

二、西亚绿洲地带

在西亚和阿拉伯地区，历史和地理上同样具有内陆绿洲生产特点，其纺织服装产业的发展受限客观条件同样较大，使该地带的国家成为纺织服装产品的重要进口国。西亚和阿拉伯地区是我国南疆地区发挥地理传统上的文化优势，积极创新拓展产品品类，开展纺织服装产业出口的重要目的地。

三、俄罗斯

俄罗斯作为我国最重要的邻国之一，由于其自苏联时代以来，传统上产业结构布局的问题，近1.5亿总人口、人均GDP约1.5万美元的俄罗斯，纺织工业基础薄弱，80%纺织品依赖进口，是典型的纺织品服装消费国家，服装进口需求量较大。俄罗斯是中国重要的纺织品服装出口目的国，服装方面的女式大衣、斗篷以及防寒防风类服装在俄进口市场中的需求显著。新疆全域对于俄罗斯纺织服装出口，具有极大区位优势。实际上，俄罗斯市场和中亚五国目前已经成为新疆口岸服装出口的主销市场。

西行国际货运班列的建设,为新疆纺织服装产业搭建国际快车道提供了全新契机。2016年5月,新疆地产纺织品首次搭乘西行班列,将精河县海英地毯产品由阿拉山口运输至杜伊斯堡,途经哈萨克斯坦、俄罗斯、白俄罗斯、波兰等四个国家,抵达德国汉堡,新疆纺织服装产品销往中亚和欧洲的运输时间和成本将大幅下降,促进向西开拓服装出口市场。

四、新疆"向西开放"的战略新格局

新疆作为"丝绸之路经济带"的核心区,与欧洲、中亚市场相邻,有15个国家陆路口岸、2个航空港,地理位置近,运输成本低,区位优势明显,是连接我国与欧洲、中亚、西亚和南亚国际大通道的重要结点、"向西开放"的桥头堡。"丝绸之路经济带"沿线国家总人口近30亿,市场规模和潜力独一无二,在贸易和投资领域合作潜力巨大。

2014年以来,自治区组织开行新疆西行国际货运班列。自从国际货运班列开通后,新疆前往阿拉木图的时间由此前的15天减少到目前的2.5天,到欧洲也仅需要12天左右,比海运节约运输时间达30天以上。改变了新疆至中亚、欧洲市场纺织出口产品主要以公路、海运运输为主,时间长,物流成本较高,运输量有限的状况。国际货运班列的开通运营,使新疆纺织品出口到欧洲、中亚有了时间和成本的双重优势,有了与东南亚国家竞争的条件。随着

"丝绸之路经济带"向纵深推进，中欧国际班列的运营日益成熟，新疆向西开放的优势将显著提升，相较内地沿海地区，"一带一路"沿线国家与新疆纺织产业有着较强的互补性，对促进新疆纺织产业国际经贸合作与发展具有广阔的发展空间。

在新疆内部，随着2022年若羌—和田铁路的顺利建成，环塔克拉玛干沙漠已经建成，既将天山南麓绿洲与昆仑山北麓绿洲以现代快捷交通连通起来，又完成了全疆绝大部分城市之间的铁路交通，由此全疆产业通过铁路运输在国内与全国铁路网络连通。对于经济发展长期为交通困扰、地域广阔的新疆，必然带来极大的发展利好，而包括和田在内的南疆地区，将更加方便地充分参与和利用"向西开放"战略，与"丝绸之路经济带"的中亚、西亚诸国，乃至欧洲等开展广阔的经济贸易合作。

总体来看，新疆利用"一带一路"发展的机遇期，积极开展市场调研和边境贸易，推动新疆服装生产企业构建"出口导向型"市场导向，尤其应该成为产能相对落后的南疆各地州发展纺织服装产业的重要工作方向，也是我国纺织服装产业向西部转移并取得良好实效、利用"一带一路"机遇、重构"两个大循环"之国际大循环、促进新时代改革开放的一个重要思路。

第五章
发展禀赋与和田绿洲的产业战略

第一节　和田市纺织服装产业发展的原则与重点

一、有所为、有所不为的产业发展原则

和田市的发展，因绿洲在自然环境上具有水资源的强制约性，而在产业发展的地理禀赋上，交通、原料、市场等方面的制约也具有一定的强制特征，由此影响在人口承载力、城市发展、产业选择上的局限。科学认识和正确理解这种发展局限，对于当前和未来和田的发展、和田人民的生活，都具有重要的意义。

就和田纺织服装产业的发展来看，科学认识绿洲区域地理的产业局限，并不是无所作为，而是要实事求是地、有所为有所不为。充分认识和田的绿洲生产方式，在产业规划和发展中要自觉地将位于西部绿洲的和田市，与中原地区尤其是沿海地区的产业发展方式区别开来。在战略选择、生产组织、产业规模、产品类别、文化特色、设计创新乃至市场重点等各方面，和田都要有自己的发展路径。

（1）在产业选择上，地理禀赋要求我们选择具有可行性的产业类型。

（2）在发展模式上，要选择富民亲民、人民参与度高、使人民有收益和获得感、有利于民生的产业。

（3）在产能规模上，要因地制宜，效益优先，而不是讲求规模。

（4）在组织形式上，要善于连接和发挥对口援疆的北京、天津的都市产业优势，创新生产组织方式、创新市场拓展方式，提高时尚设计能力。

二、突出区域特色以凝聚产业重点

当前，在国际层面，面对国际贸易形势的重大变迁，我国提出国内国际"两个大循环"战略，并大力推进与"一带一路"经济带国家地区的合作。在国内纺织服装产业发展方面，我国东部、南部等地区经济发展的历史节点因素，以及国内纺织服装产业的技术进步和生产形态的变革，都表明纺织服装产业的发展已经到了一个新的时期。因此，位于祖国西部的和田市的纺织服装产业发展策略，甚至企业生产目标，也应立足于时代需要、立足当前纺织服装产业技术进步实际、立足于有利于促进和田各族人民走向共同富裕的发展目标，作相应的规划。

一是区域特色。对于发展要素不充分、地理局限短时期内难以突破的和田市纺织服装产业的发展，首要的是树立重务实、不贪多、讲实效的纺织服装产业发展理念。要立足和田市历史地理实际以及由此形成的产业发展禀赋，围绕和田玉、艾德莱斯绸、手工羊毛地毯等方向，确立文化产业和区域品牌意识，努力形成具有和田特色的领军企业，通过提高产业产品的时尚化、创新力，形成良好的竞争力，带动经济发展。

二是认识区域优势。从和田绿洲的历史地理禀赋出发，和田市在纺织服装产业发展中，仍有突出的优势显现。一是各族人民良好广泛的手工业传统。二是艾德莱斯绸的服饰生产与文化传统。三是广泛的向西开放和出口的可行性。四是独具特色的和田手工业羊毛地毯生产。五是化纤类无印花纺织服装类产品的生产。六是独一无二的和田玉矿产、物质和文化资源。

第二节 和田绿洲的产业发展路径问题

一、立足绿洲实际

和田绿洲的自然区域特点,构建了和田发展的历史地理禀赋,同样是和田市产业规划的基本要素。立足绿洲地区和绿洲生产方式的实际,首先要充分认识和田市及其所在的南疆地广人稀、区域内纺织服装消费市场不足、产业运输不便、物流成本高、自然环境的强制约性、产业集群困难等客观条件。因为空间上距离国内经济中心区域和人口密集消费市场遥远,区域广大导致交通物流成本较高,和田纺织服装产业不论是当前还是未来的产品,供给国内市场的可行性不大,因为无论是从经济效益,还是产业成熟程度和竞争力方面,和田都不具有相对的比较优势。同样,在新疆内部发展和市场开拓方面,随着新疆全区大力推进纺织服装产业政策的深入和落实,北疆各地州市、南疆的喀什等区域都在充分发挥地域、产业资源等优势,大力发展纺织服装产业。在北疆州地、喀什等在经济环境、产业要素相对和田地区都具有更大比较优势的背景下,新疆区内纺织服装市场的容载很快填满,竞争也逐渐激烈。

二、外向型发展

在新时代发展推进两个大循环、以国内大循环为主的经济发展背景下，和田纺织服装产业发展最值得注意的独特之处，却是面向中亚、西亚等欧亚大陆传统上的"绿洲"区域以及俄罗斯，开展外向型纺织服装发展策略。也就是说，以外向经济为主，构建一种"逆流而上的外向产能"，是未来和田市发展服装纺织产业最应该坚持的必由之路。

三、走"特色"发展之路

自然地，和田市纺织服装产业发展的外向型经济特色，首先立足传统历史地理禀赋，而发展出纺织服装产业的生产区域性特点和文化特色。因此，大力挖掘和发展和田在历史上形成的手工业发达的产业传统，以及和田地区各民族独特的纺织服装文化特色，如艾德莱斯绸、和田手工地毯、少数民族鞋帽及相关服饰产品等，是和田市发展纺织服装产业的一个重要抓手。就这一个意义上说，和田市纺织服装产业未来发展，必将走具有浓厚文化特色的"特色发展之路"。

四、亟待发展的运输和物流重构

党和政府高度重视南疆地州的交通建设，从国家宏观战略视野，已经基本完成建成全疆环线铁路网，尤其是2022年新建成和田至若羌的铁路"和若线"通车，这是世界上最大的环沙漠地区铁路环线。环塔克拉玛干沙漠铁路的建设，在地理上将天山南麓绿洲城市、昆仑北麓绿洲城市连接起来。这条线基本与历史上西域大通道之"古丝绸之路"的线路一致,不仅现实中成为促进沿线各县市州地加快发展的重要经济管道,而且"古丝绸之路"以全新的现代化交通方式(铁路与公路并行),未来随着互联网基本建设在南疆州地的进一步完善,南疆各地州立足"一带一路"经济带,加快物流渠道重构建设,提高运输效率效益,作为古代丝路要道的南疆,经济必将迎来新时代的新机遇。

第三节 和田市纺织服装产业的政策问题

一、重视企业主体的发展

一是注重灵活就业与全面生活保障的推进，既是安定团结、发展纺织服装产业良好的市场环境，又是对于新的创新型生产组织方式，促进企业主体加快成长，减轻企业负担。

二是加强长期产业环境建设。注重和加强公共服务体系建设。认真解决好目前和田市纺织服装产业从业主体（企业）的困难和问题，提高产业主体的信心。加强服务，引领企业加强创新能力。

三是重视企业主体的培育。注重企业对于地方的利税贡献，集中力量办成事，以国有力量和政府力量为龙头，积极培育具有市场适应力的创新型企业。提高地方政府财政能力，培育企业主体，使其成为拉动民族群众参与就业、提高生活水平的重要推动力。

四是强化企业效益。绿色发展的思想，对于绿洲地区的重要性尤为重要。企业的良好效益，应该成为和田发展纺织服装产业的核心目标。对于和田市这样的绿洲区域，企业主体多，对于水资源、环境等的要求必然增多。所以，要以可持续和效益作为和田发展纺织服装企业的重要参考，企业实现利税扩大、企业主体对于经济、地方发展的反哺能力强，应该成为首要的产业发展目标。

二、有选择性吸引东部纺织服装企业转移产能和投资

一是有选择性地吸引产能转移。发展纺织服装企业不能盲目支持，而要立足实际，要有时代意识，建设具有产业技术前沿水平、理解产业发展前端、具有市场适应力的现代化企业主体。

二是立足和田绿洲的环境和产业发展资源禀赋的实际，鼓励具有成功发展经验的纺织服装企业，到和田投资面向中亚、西亚等国家地区出口的服装、服饰、鞋帽产品，富有特色的手工艺产品，积极鼓励投资企业发挥原有市场优势，带动和田纺织服装产业提高水平。

三是始终强调生态标准。绿洲水资源相对紧张，生态环境脆弱，要自觉把发展和田纺织服装产业与保护和田绿洲、生态文明建设密切结合起来，推动绿色发展、可持续发展。

四是坚持可持续发展理念，大力规划和推进化纤类、出口纺织服装企业主体培育。生态环境良好、建设美丽中国，是新时代包括和田各族人民在内的中国人民对美好生活的基本要求。

三、在区域生产中注重引入都市时尚设计元素

理性认识和田本地劳动力资源，将立足长远的加大教育培训，与鼓励和田民族群众发挥手工业传统技能以增收、积极性参与新的工业生产结合起来，通过创新生产组织方式，将外部（如北京）的管理、设计、科技、信息、市场等资源，与本地政府、企业、群众

的生产组织能力和手工业传统有序结合。在新的创新性生产组织中，注重引入都市时尚设计元素，以促进和田纺织服装产业跨越成长，走向时尚化现代化，并逐步引领民族群众生产和提高生活的现代化水平。

第四节　立足新时代和区域实际，加强产业规划

一、坚持时代视野，引领产业发展

一是立足实际谋发展。和田的历史地理禀赋和产业要素，对于西部城市、南疆绿洲地带的和田发展纺织服装产业，具有显著的强制约性。唯有正确理解新时代中国经济发展的进步和成就、正确理解新时期中国纺织服装产业的技术进步和创新，才能谋划和田市的纺织服装产业发展，引领深受资源和地理限制的和田绿洲，开创纺织服装产业发展的新境界。

二是增强时代意识。深刻领会和贯彻党中央关于"对口援疆"的发展战略，科学引入和利用北京对口资源，引领和田纺织服装产业。要突破关于"纺织服装产业为劳动密集型产业"之类的陈旧观念和"发展迷思"，强化创新思维，强化时尚引领以产业生产科技进步、互联网和信息技术、首都人才和科研优势等新时代产业发展实际，高起点构建和田纺织服装产业的生产组织形式，构建外部（如北京市）的规划、设计、技术、创新等，与本地（和田市）管理、原料、生产、产品等两个生产环节的有序结合，从而实现一种引入性、强拉动的良性发展方式。

二、加强企业和产品的分类指导

坚持科学规划，加强产业分析研究，并以此为基础，对和田市纺织服装产业发展的企业和产品进行分类指导：

（1）对于服装服饰鞋帽、针织、化纤纺织品产业，在引进东部纺织服装生产企业和产能上，要做好产品目标市场规划，鼓励引进向西开放型、面向中亚西亚国家地区的产品产能，以及环保产能。

（2）积极构建新的生产组织方式，如适应和田人民发挥手工业传统优势、多样方式灵活就业，或标准产品的计件生产等民族风格与现代时尚兼具的手工编织袜、帽、手套、针织衣服。

三、注重管理进步

一是充分利用纺织服装产业的技术进步和互联网时代的管理创新进步，创新性构建和田纺织服装产业的生产组织方式，既重视直接就业岗位的创造，又立足和田实际，注重以积极发展和产业进步为核心的经济发展本身，对于就业拉动的整体效应。

二是加强疆内合作与协同。在疆内注重定向对接积极加入乌鲁木齐商贸物流中心、喀什商贸中心等贸易流通体系，在产业互动和贸易流通上提高效益。

三是集中发挥京和物流园、北京工业园区的凝聚作用，积极谋划，通过对口援疆渠道对接北京纺织服装产业头部资源，发挥外部拉动效应，促进和田纺织服装产业形成跨越发展，大力推进以和田市为核心的区域纺织服装产业中心建设。

四是加强政策引导。和田市在支持艾德莱斯绸、手工地毯、刺绣等民族特色服装服饰产业企业发展的工作中，要将促进就业的直接性与帮助人民增加收入的有序结合起来。可以构建以和田市为生产组织中心、连接北京对口援疆的设计和产品规划资源、分散生产和产品标准化相协调、分散生产与集中后整理包装、辐射和田全域的多样组织方式，促进特色纺织服装产业提高质量，增强市场适应能力，增加时尚力，服务人民灵活就业和增加收入。

第六章
和田市纺织服装产业的发展举措

第一节 产业发展与"乡村振兴"战略相结合

2017年，习近平总书记在党的十九大报告中提出乡村振兴战略。2020年，党的十九届五中全会提出"优先发展农业农村，全面推进乡村振兴"。乡村振兴要因地制宜，全面构建现代乡村产业体系，推进乡村综合发展，促进农村"百业百态"，促进农村人口收入增长，促进农村生活文明水平提高。和田市积极贯彻落实自治区发展纺织服装产业、促进就业的发展策略，需要立足和田实际，充分利用纺织服装产业的各类组织和生产方式，使产业发展与本地人民的就业和增收有序结合起来。

一、大力推进无厂房的纺织服装组织生产

在和田市推进无厂房的纺织服装产业生产方式，是指立足和田地区人民传统上有广泛的手工业基础、当地人民习惯上仍不愿离家外出打工、工业化纺织服装生产所需要的技能培训尚不充分等产业发展初级的特征，通过定向规划产品设计——分户生产和计件工资——统一整理包装和统一销售的方式组织生产。这种方式在我国改革开放初期，曾较为广泛地出现在广东等改革开放前沿地区，其优点是有效降低企业基本建设和运行成本，极大限度利用乡村剩余劳动力，降低企业运营风险，既利于本地人民灵活增加收入，又利

于经济欠发达地区纺织服装企业的资金积累和初期成长。

为实现生产效益、生产的可持续、生产的现代化,在和田市可以积极发展向西开放、出口中亚等国家地区的特色服饰和特色手工艺产品方面,因地制宜采取灵活的产品规划、图样设计、生产组织方式。

一是定向产品设计。加强企业调研和产品规划,包括以营销定生产、产品标准、产品样式设计等,纺织服装企业立足和田市人民的手工业传统技艺(如有传统特色的刺绣),做好产品的类别规划和时尚化的整体设计,通过各乡镇和村级行政,组织产品生产。结合和田当地特色手工艺传统,以及本地棉花、丝绸、皮毛等原料,开发和生产包括艾德莱斯绸、手工地毯、驼毛等,尤其是出口性的刺绣、鞋、针织及钩编帽子、手套产品等具有和田区域特色的民族服饰。由于中亚地区与新疆的民俗传统相似,以上具有和田特色手工艺品出口具有较持久的市场需求(表6-1、表6-2)。

表6-1 2016年吉尔吉斯斯坦服装进口前5位大类产品

序号	名称	进口金额(亿美元)	占比(%)
1	针织或钩编的其他服装	0.33	13.2
2	针织或钩编的连裤袜、紧身裤袜、长筒袜、短袜及其他袜类,包括渐紧压袜类(例如,用于治疗静脉曲张的长筒袜)和无外绱鞋底的鞋类	0.33	12.9
3	针织或钩编的男式西服套装、便服套装、上衣、长裤、护胸背带工装裤、马裤及短裤(游泳裤除外)	0.22	8.7
4	胸罩、束腰带、紧身胸衣、吊裤带、吊袜带、束袜带和类似品及其零件	0.22	8.7

续表

序号	名称	进口金额（亿美元）	占比（%）
5	女式西服套装、便服套装、上衣、连衣裙、裙子、裙裤、长裤、护胸背带工装裤、马裤及短裤（游泳服除外）	0.20	7.9

数据来源：UN comtrade。

图表引自：《新疆纺织服装产业发展报告》，中国纺织工业联合会产业经济研究院、中国纺织经济研究中心，2018年1月。

表6-2　2016年哈萨克斯坦服装进口前5位大类产品

序号	名称	进口金额（亿美元）	占比（%）
1	女式西服套装、便服套装、上衣、连衣裙、裙子、裙裤、长裤、护胸背带工装裤、马裤及短裤（游泳服除外）	0.63	15.0
2	男式西服套装、便服套装、上衣、长裤、护胸背带工装裤、马裤及短裤（游泳服除外）	0.50	11.9
3	针织或钩编的套头衫、开襟衫、马甲（背心）及类似品	0.43	10.3
4	针织或钩编的T恤衫、汗衫及其他内衣背心	0.42	9.8
5	针织或钩编的连裤袜、紧身裤袜、长筒袜、短袜及其他袜类，包括渐紧压袜类（例如，用于治疗静脉曲张的长筒袜）和无外绱鞋底的鞋类	0.31	7.3

数据来源：UN comtrade。

图表引自：《新疆纺织服装产业发展报告》，中国纺织工业联合会产业经济研究院、中国纺织经济研究中心，2018年1月。

二是统一产品后整理和包装。纺织服装相关的特色手工艺生产，可以通过灵活组织生产，实现村民不离乡离家，即可参与生产。一些具有一定产能基础的产品如艾德莱斯绸、手工地毯的生产，则可以通过统筹生产，既发挥现有和田地区一些县、镇的企业生产能力，又在产品纹样、设计款式等产品的时尚化、市场针对性方面，实现提高。同时，采取产品定时收取，按照产品原料来源的不同，或定价定件收购，或采取计件工资等方式实现生产者报酬。之后，为提高产品的品质和适应市场的时尚化需求，进一步完成定向设计产品的后整理和包装环节。

二、落实"有限发展"和绿色生产的理念

要结合绿洲原料和产能实际，树立"有限发展"的理念，一方面以市场定生产，另一方面以资源和产量定生产。在和田市发展布局和纺织服装产业发展中，谨慎使用类似"西部纺织服装产业中心"之类的发展愿景。和田市纺织服装产业的科学发展，并不能以建设成为纺织服装重镇为目标，而应该以促进和田绿洲的现代化、生态可持续，促进和田人民走向共同富裕和实现美好生活为目标。

三、引入"国家队"力量引领和田市产业发展

因为难以克服绿洲地区生产方式对现代化生产方式的制约，以及原料、市场、物流等成本高等困难，难以通过一般的市场积累突破，导致和田本地产业资本投入纺织服装产业的有效性不够，成为制约和田市纺织服装产业发展的重要因素。要实现集约经营，需要具有较大市场能力、具有头部产品设计能力并充分利用网络组织生产的企业来实现。同时，主动争取自治区支持，推动建立和田市与喀什、乌鲁木齐等自治区重要开放枢纽城市，就纺织服装产业的产品出口，形成相应的协同机制。

四、完善和推进乡村居民基本保障政策

落实乡村居民社保和医疗等保障制度,为乡村"百业百态"的灵活就业提供政策基础。

第二节　积极发展化纤类特色出口产品

新疆石油资源开发并由此带动的化纤产能，以及环塔克拉玛干铁路、环新疆铁路的全面连通，为和田发展化纤原料服装类出口产品，提供了可行性。

一、出口性化纤类阿拉伯袍、床上用品、毛巾的生产

阿拉伯国家人口总数约 4.5 亿人，其生活习惯上，对于化纤制的阿拉伯袍需求大，而作为我国向西开放、"一带一路"核心区的新疆，向阿拉伯地区的阿拉伯袍这类的出口占比还不大。阿拉伯袍通常素色，对印染要求不高，对于和田市这样的绿洲区域，此类纺织服装产业生产的环境压力小。

据中国纺织工业联合会 2018 年的调查显示，我国新疆对周边国家的化纤非印花类床上用品出口稳定。化纤非印花类床上用品主要出口至泰国、俄罗斯、印度、阿联酋。同样，化纤非印花产品，对环保压力较小，对生产工艺和设计的环节要求较少，在和田市发展具有较大的可行性。

化纤毛巾因为不像棉织产品需要印染，更为适合和田市的发展实际。我国化纤毛巾的国际市场需求稳定，西部周边国家印度、泰国、阿联酋和俄罗斯都是重要的出口地。

二、重视"碳足迹"和产能绿色化

大力落实新时代绿色发展和新疆关于绿色发展的政策指导,立足和田绿洲环境,在纺织服装产业发展和产能设计中,强化"碳足迹"和产能绿色化的发展思想。

第三节 "和田玉"作为中华文化遗产及其服饰产业应用

一、高度认识"和田玉"的文化属性和价值

中国的玉石文化史是近万年的、一直延续的、从未中断的历史。这一点不仅为史书明确记载,已刻入中国人民的文化特征,也为越来越丰富的考古发现证实。玉文化,不仅是中华文化大传统的核心要素之一,还成为中国文化独特于世界其他文化,尤其是近代开始形成强势的欧美文化的最重要的文化内涵。玉的品质,构建着中国人民自古以来的道德追求、君子修养、审美标准。对玉的崇尚,体现出悠久灿烂中国礼仪之邦、君子之国的文明特色。中华民族是全球特有的、可以说唯一的识玉、爱玉、崇玉的民族。在中国历史发展长河中,对于玉资源的依赖,甚至成为华夏文明特有的资源依赖。

至少四千年以来,中国玉文化的核心,即为和田玉文化。著名学者杨伯达先生通过对中国玉石文化、和田玉文化的系统研究认为,由于客观上和田玉的优异物理特征,和田玉成为中国玉的精英、唯一的真玉。早在夏商周时代,在用玉制度上已经体现出真玉、非真玉的界定和区别使用,而源自古代于阗的和田玉,也至少早在四千年前就开始了"西玉东输"的玉石之路,这是"丝绸之路"

最早的形态。至于汉代,《史记》中汉武帝甚至将出产和田玉的于阗南山,以传说中的神居之所——"昆仑"命名,此即为昆仑山名来源。从此,我国在旧石器时代后期就已经开始使用的地方玉种逐渐退出重要用玉舞台,和田玉成为古代帝王统治者唯一追求和使用的"帝王玉",《考工记》所谓"天子用全"(真玉)。唐玄宗也曾明确重申国家礼仪中必须使用真玉的选择标准。现考古发现的历代帝王玉玺(和氏璧已失传)、玉册等基本皆用和田玉,就已证明中国历代用玉中和田玉的崇高地位。由此,和田玉逐渐成为"君子比德于玉"的核心代表,和田玉的开采、使用、朝贡和贸易,就与中国人民的物质生活和精神追求广泛而紧密地联系起来。

和田玉的广泛运用,随着中国历史发展有从帝王走向民间的过程,玉文化从神玉、王者之玉、诸侯之玉,到服饰之玉、人民之玉,逐渐走向人民的日常生活,广泛地与人民的服装服饰紧密联系起来,成为中国历代人民服饰审美、服饰装饰的重要组成部分(图6-1)。

图6-1 唐代和田玉簪首(故宫博物院藏)

随着当代中国经济发展和人民生活水平的提高，中华文化伟大复兴的时代要求日益显现。当代服装服饰对于玉的理解和接受开始回归，对于玉的使用、需求开始复兴。就纺织服装产业发展来讲，如何充分发挥和田玉这一特殊的自然资源优势，发挥和田玉这一独特的文化资源，更好接续中华玉器文明发展，服务新时代中国人民对于服饰文化、玉器文化的生活和精神需求，并为和田市人民发展创造价值，也使和田玉立足新时代，成为和田纺织服装产业的文化特色。

二、推进和确立和田玉成为重要国家文化战略资源

"世界上只有一个地方产和田玉，就是和田"。和田玉对于中华民族来说，不仅是一种矿石而已，而是一种文化记忆、文化审美，更是一种很不可或缺、不可替代的非物质文化遗产。由于和田玉文化在中国长期历史发展进程中的重要地位，是丝绸之路历史文化遗产不可或缺的重要内容。和田玉不仅是和田地方特色矿产资源，而且应该将和田玉作为中华文明接续发展重要的物资文化遗产来认识，进而开展保护，科学开发其当代价值，使其更好为和田人民的生活创造价值。

三、突出和田玉的独特文化属性

进一步推进和田玉的物理特征和文化特征的学术研究，深入理解和大力宣传和田玉的独特文化属性，进一步强化和突出和田玉文化在

中华文化文明传承中的重要、独特地位，以及和田玉文化与中华文化文明特质的接续传承和繁荣发展的紧密联系。为此，和田地方政府要高度重视和田玉的文化属性及其唯一性，高度重视和田玉石矿藏开采的保护性、可持续性，要从保护中华文明最珍贵的战略资源、文化资源的高度，为加强对于和田玉的采购、开发、管理提出政策安排。

四、加强和田玉的资源保护

切实贯彻绿色发展、生态文明理念，科学安排和田玉矿产资源的开采和输出，不仅要树立将和田玉的保护，与环境保护、特殊矿产资源的可持续发展结合起来的观念，而且要高度重视加强对和田玉开采的市场规范和监管。高度认识和田玉的消费主体和唯一主体，就是国内市场的实际。正确认识历史上长期以来和田玉在地方与中央朝贡中的开采、买卖的"准官方性"。加强管理，将保护环境与矿产资源有序纳入国有范围。进而通过新技术引入，将和田玉原材料的商业贸易，纳入科学有序管理，有效增加地方财政收入。

五、探索建立政府主导的和田玉集中输出、交易机制

当前对于和田玉的评估、市场开发出现无序性，出现资本炒作，出现以外国进口玉石鱼目混珠，以所谓"科学"标准冒充和田玉的现象，进而出现"泛和田玉化"所谓玉石科学检测标准，这种状态，严重影响了人民群众对于和田玉的辨识、消费、使用、传

播。为此，要积极探索、建立对和田玉产品予以产地保护和溯源机制。结合历代以来中央与和田地方的玉器采购、朝贡和贸易的官方或准官方传统特征，探索引入国有资本，规范和完善和田玉石的资源开采、管理、市场运营等。

六、强化科学研究和标准管理

着力建设和田人民和政府对于和田玉标准的话语体系。要着力突出和田玉独特的优越物理特征与中华玉文化的独特审美标准、文化心理感受密不可分的文化属性。通过深入科学研究，将和田玉的深层次特殊物理结构与一般现代科学物理概念上的"泛和田玉""类和田玉"严格区别开来，明确反对"类和田玉""泛和田玉"等将和田玉进行类似解构的错误观念，大力促进我国重要文化资源和稀有矿物资源——"和田玉"产品向绿洲和田源产地回归。

七、重视和田玉与中国服饰文化的学术研究与设计创新

和田玉的使用、欣赏、制作，已经成为中华文化重要内容和鲜明特色，是中华文化独立于世界文明之林的重要特质。服饰用玉，是根植中国人民内心深处的审美情怀。通过对接北京高校设计和学术资源，深入开展和田玉文化的研究，加强和田玉服饰的研究、开发，以及新时代中国服装与"佩玉""服饰玉"的设计创新，促进和田玉设计产品的时尚化，极大提高其经济价值。

第四节　立足生产组织重构，推进艾德莱斯绸快速发展

若以区域产业和纺织服装的文化符号标识而论，艾德莱斯绸，是一个重要的"和田特色"。

养蚕、茧丝、艾德莱斯，和田河畔的绿洲上曾经桑园处处。和田不仅是西域丝绸的著名产地，其传承悠久、广被绿洲的纺织手工业，以及独具民族和地域文化特色的艾德莱斯绸，成为和田悠久历史文化的重要内容。和田人民的传统缫丝纺丝，还具有中原不同的方式——特有的蚕蛹破茧再缫丝的工艺。

作为和田维吾尔族人民喜爱的传统服装，艾德莱斯绸色彩鲜明，图案组织独具特色，运用灵活，是具有和田地域特色、民族传统特色的重要民族服饰文化。艾德莱斯绸的织造、应用、广泛穿着，与和田地域的文化标识、文化特点紧密关联。时至今日，和田人民依旧热爱穿着、使用艾德莱斯绸相关的服装服饰产品。同时，艾德莱斯绸这一富有民族特色的服装服饰，在新疆维吾尔自治区内被广大人民群众所喜爱，在纺织服装产业向西开放、出口中亚等国家地区时，也有较大的市场空间。

受经济环境的变化和绿洲地域产业发展的天然制约等影响，以和田丝绸有限责任公司为代表的和田市艾德莱斯绸的生产效益难以提

高，产品的时尚化不足，市场拓展相对缓慢，有必要重点在产品样式、印染技术、设计创新，乃至生产组织方式的创新方面加以提高。

一、重视产品样式的与时俱进

艾德莱斯绸通常包括传统花色以及天然丝织染，品种多样，富有民族特色。但民族服饰及其文化产品的时尚化，才是走向广阔市场的前提。即使面对本地市场，随着时代的进步，人民群众文化、经济水平的提高，生活方式的日益现代化，作为传统服饰的艾德莱斯绸的产品样式，在保留民族特色的基础上，开展传承创新，走向时尚化、现代化，才能与时俱进，满足人民对于美好生活的需要。

二、强化目标市场的规划与产品的设计创新

艾德莱斯绸的产品，在新疆区域内深受人民群众喜爱，在从南疆的喀什、阿克苏、阿图什、库尔勒，到乌鲁木齐乃至全国各地，都有一定的市场。对外出口，也远达巴基斯坦、沙特阿拉伯、哈萨克斯坦、乌兹别克斯坦、印度等国家地区。艾德莱斯绸是富有民族和地域特色的和田旅游产品。对于艾德莱斯绸服饰产品，要进一步拓展市场，走向现代化高质量生产，提高产品的市场适应力和产品附加值，就不能仅立足传统产业，而要加大产业的生产组织现代化水平，加强对国内疆内市场、中亚西亚国家地区市场，以及旅游产品等重要市场的产品分析、文化需求的深入研究，进而开展产品设计规划和创新。

三、提高艾德莱斯绸的生产组织现代化水平

主要包括四个方面，一是产品的本土生产与设计、市场规划的外部引入，可以利用北京对口援助的人才、产业、信息等头部资源，开展艾德莱斯绸产品的整体规划和产品设计，开展和田艾德莱斯绸的生产组织方式规划设计，开展艾德莱斯绸服装服饰创新设计，开展艾德莱斯绸旅游产品设计等。二是形成"一中心、全参与"的和田艾德莱斯绸生产组织方式，以和田市为艾德莱斯绸产业"头部"和中心，对艾德莱斯绸的产品设计、艺术创新、包装、营销市场进行整体规划和管理，进而通过规划产品标准，采取利用和田全域县镇组织生产的方式，激发传统手工业的生产潜能。做到以"中心"为龙头，负责产品设计和产品标准，群众就地发挥传统手工业技能，参与生产，获得收益。三是加强对于新疆内部市场新需求的时尚市场研究与中亚等地区相关产品需求的服饰时尚研究，提高产品设计和时尚创新设计，提高艾德莱斯绸相关服饰产品的时尚化水平和对于现代服装市场需求的适应力。四是加快提高传统服饰的印染与后整理水平。影响艾德莱斯绸服装服饰发展的一个问题，是传统固色和印染的效果不佳，对于产品质量提高、产品的市场适应力等形成较大的制约。为此要积极采取"项目制"等技术外引方式，开展适合和田绿洲环境保护的强标准要求下的艾德莱斯绸印染技术创新，促进传统服饰产业提高质量，走向更广阔的时尚市场。

第五节　创新时尚设计，促进手工羊毛地毯产品的现代化

若以区域产业和文化符号标识论，和田手工羊毛地毯，是又一个"和田特色"。

和田地毯业是以和田市为中心的和田地区传统特色产业，也是当地目前纺织服装类产业的重要支柱产业，从业人员遍布七县一市，手工地毯产业与当地的养殖业、羊毛纺织、地毯生产等形成产业链，关系到当地千家万户的重要收入来源，具有广泛的群众基础。2006年，和田被中国纺织工业联合会和中国家纺协会命名为"中国手工羊毛地毯名城"，其中和田地毯有限责任公司是新疆最有影响、生产水平最高的地毯生产企业。目前来看，和田地毯市场集中在新疆维吾尔自治区和向外出口。西亚、中亚国家是地毯主要消费地之一，地毯需求量较高，有较大市场开拓空间。

对手工羊毛地毯这样具有富民效益、有传统工艺、有民族特色的产业，要采取积极措施，加快提升发展水平。

一、积极引入产业前端和设计创新力量

通过北京援疆对口支援和田的有利条件，对接北京在纺织品设计和时尚设计方面的产业资源，在充分调研和田手工羊毛地毯传

统制造工艺、民族文化特色的基础上，针对地毯产品的市场终端需求，开展产品设计创新，促进和田手工艺地毯的时尚化，适应国内外现代市场需要。

二、创新生产组织方式

针对和田手工羊毛地毯家庭作坊式生产的传统和特点，创新地毯生产、产品和市场统筹机制，推进建立手工羊毛地毯专业交易市场，促进"中国手工羊毛地毯名城"产业中心化。

三、建立和田市政府主导的地毯发展战略

通过政府的宣传和支持，形成和田地毯强有力的龙头效应。通过建立政府统筹的网络直播营销机制，以政府形象为产品赋能，逐步拓展地毯的销售渠道和市场。着力引导地毯产业加快技术创新步伐，对于地毯企业更新设备予以资金扶持，提高洗毛、纺纱等前道工序加工能力，以促进地毯产品适应随着经济发展而日益提高的对地毯质量、品质的市场要求。

四、立足和田未来，提高对地毯产业的认识

对于和田市政府、和田各族人民，要将和田手工羊毛地毯产业，提高到传统产业、富民与民生产业、特色文化产业、民族非物质文化遗产、重要旅游资源、外贸出口核心产品的"六位一体"认

识高度，作为打造和田地域形象的重要产业和文化元素，真正成为"和田特色"。

五、和田市政府的极大重视

要通过加大相关的扶持政策倾斜力度，在市场拓展上积极予以帮扶和支持，利用政府力量加大对于和田地毯特色产品的宣传力度。通过发挥北京对口援疆力量，对接产业对外贸易渠道，拓展向西出口广度。

第七章
北京对口援疆工作与和田市产业发展

第一节　输入性生产方式的历史启示与和田跨越发展

和田绿洲城市和经济发展方式的地理实际，在长期的区域发展历程中受"外力"影响显著的历史现实，充分表明绿洲地带发展的输入性、外引性特征，即外力、外来技术、外来资源对于绿洲和田的发展，具有极大的促进（或受到外来侵犯时的破坏）作用。这一点，不仅对于当前的和田市纺织服装产业乃至和田市整体发展，都是值得重视和深入认识的客观现实。

一、输入性的经济和文化发展要素，对于和田市发展具有显著的"强作用特征"

绿洲因为规模限制和地理位置的相对隔离，经济规模受到自然限制较大，一方面基本生活通常形成赋予区域特色的、较低水平的自给自足生产特征，另一方面受外部人群、社会组织的影响，生产技术进步的要素往往需要外部引入。例如其蚕桑的来源、丝织和棉织的成功与发展，都受到中原的直接影响。历史地理的实际，启示着和田今日产业发展路径，需要高度重视对于外部经济要素的引入。

二、交通枢纽的贸易特征，是绿洲必不可少的发展资源

和田因地处亚洲腹地，自古以来是沟通东西文化贸易的重要绿洲驿站。作为古代的西域南道、如今所谓的"丝路"南线，商业贸易自古以来是和田人民生活、绿洲王国繁荣的重要经济来源。商贸的繁荣，与和田的繁荣也有十分密切的关系。唐末宋元之后，海上丝路虽日益成熟，成为东西贸易的主渠道，但和田将珍贵的玉器资源向中央王朝的具有朝贡性质的贸易，始终是其获得重要商业利益的经济资源。和田繁荣发展的历史经验启示我们，贸易是和田绿洲发展繁荣必不可少的经济环节，如何整合和田的自然和历史资源，大力推进和田地区的自有商品的创新和服务，尽快参与到全国乃至世界经济产业链之中，是和田产业发展首先要考虑的。也只有这样，才能有效促进和田经济的发展。

三、绿洲地理的环境制约，需要强有力的外力拉动

外力的强作用，以及历史上和田地区饱受来自西亚乃至游牧民族侵扰的惨痛历史，充分说明一个强有力的中央支持是和田安定团结和经济发展的坚强保证。中央提出加快新疆发展，并制定对口援疆的发展战略，至为正确。北京市直接对口支援和田市发展，是以最优的发展资源引导、带动和田整体发展。因此，和田市发展纺织服装产业的视野和规划，也就不能仅限于和田地区所有的生产要素

资源的整合规划，走产业经济规划以区域资源禀赋的最优选择、自下而上培育市场主体（企业），着眼点始终在和田市的劳动力富余、工资成本相对便宜等产业要素的一般思路。而是要充分立足新时代中国已经取得较大发展成就的实际，充分利用新技术在各产业发展的大趋势，充分认识国内加快构建两个大循环和积极推进"一带一路"倡议的国际经济新形势，高度重视北京市到和田市的要素嫁接和引导，形成上下联动，积极推进和田市纺织服装产业构建模式创新。

第二节　发挥北京对口援疆的特殊优势

一、正确认识北京市纺织服装产业特点和资源优势

和田市为北京市对口援疆的重点地区，发挥北京市对口支援的作用，是和田市发展纺织服装产业的一个特殊优势。但发挥北京对口援疆的人力、财政资源，以服务和加快和田市纺织服装产业的发展，要立足于实际，首先要正确认识北京在纺织服装产业上的资源特点。

北京市在城市定位中确立了时尚之都建设的发展目标，北京拥有中国纺织工业联合会等行业总部、有包括我国第一所以"服装"命名的高校——北京服装学院等在内的头部行业高校，中国国际时装周、北京时装周汇集中外时尚资讯，在纺织服装产业中的"头部"特征逐渐明显。随着纺织服装产业技术创新和网络技术的发展，纺织服装的原料、设计、生产以及市场等生产环节将进一步突破空间地理等方面的制约，以一种崭新的生产组织方式开展，已经成为越来越普遍的生产状态。这种新的生产组织方式中，拥有纺织服装人才、科技、教育、信息优势集中的北京，在服装纺织行业发展中的技术辐射和创新引领作用中将更有作为。

和田市发展纺织服装产业，初心必须立足本区域实际，不断扩大创造就业岗位，服务乡村振兴战略，有效促进民族地区人民生活

水平提高。但同样要创新思路，科学把握新时代、产业技术新进步和发展新特征，科学规划产业形态和生产组织形式，才能实现长久发展，努力实现跨越发展。从这一点看，科学认识北京对口援助和田的特点，并发挥其优势，在北京与和田之间围绕纺织服装产业发展构建起有效路径，对于和田的发展才具有实际意义。

二、深化对北京市较高层次产能特点的认识

构建北京与和田之间的产能互动，首先要充分认识北京市高层次的产能特点。北京确立的"四个中心"发展策略，已经明白说明了北京立足首都实际，在产能选择上走向高层次产能发展方向。就纺织服装产业来讲，北京对于和田市的产业支持，不可能出现新疆部分州地希望的劳动密集型、就业带动大的产能。但是，"四个中心"发展战略，恰恰在各个产业的发展中发挥指导性和引领性作用。

一是文化和时尚的引领。首都在文化和时尚的引领，具体到和田市纺织服装产业的发展，就是可以发挥北京在设计、文化、研究、时尚方面的优势，加快提高未来和田纺织服装产能的现代化、时尚性，以及目的市场的适应性。

二是技术和创新的引领。北京在纺织服装产能中的角色定位，决定了其对于和田的支援，可能采取高起点、新架构的发展方式。例如，首先立足和田市各族人民富有传统手工艺的特征，扩大手工产品的生产，有效消费富余劳动力，提高人民收入水平；其次聚焦

国际国内市场，以科学市场分析和产品设计，加快提升和田企业的产品附加值；最后充分利用新技术，开展生产组织创新，在全国范围整合生产环节，提高和田纺织服装产业的现代化生产方式。通过有效构建和田市纺织服装产业的生产组织方式，促进和田市纺织服装走跨越发展之路。

三是人才培养和培训。充分发挥北京市高等教育和职业培训方面的优质资源，以对口援疆为渠道，促进和田本地劳动力劳动技能培养，尤其是针对性地开展纺织服装产业职业技能的培训。通过定向培养、远程培训、在地教育等方式，大力加强本地较高层次的设计、管理、营销方面人才的培育，为本地企业的发展创造条件。

三、充分发挥援疆资源的效益，科学构建"京—和"产能互动

党中央 2010 年提出对口支援新疆发展的工作战略以来，北京市始终将这一工作作为一个重要政治任务来落实，对于包括和田市在内的对口支援新疆工作高度重视。北京市将对口支援指挥部设在和田市，充分显示出党中央和北京市对于南疆、和田发展的关心和重视。为落实北京对口支援计划，北京每年有专项资金和支持，而来到和田工作的一届届北京援疆干部，都是优选来自北京党政机关和事业单位。和田市积极落实全疆关于大力发展纺织服装产业的战略规划，仅仅依靠和田本地的资源禀赋，实现产业的逐步积累成长，在绿洲区域自然局限下，是很难实现跨步发展的。为此，充分

利用好北京对口援助资源，围绕纺织服装产业需要发挥其效益，是和田发展的重要新生力量。

一是发挥援疆干部的人才效应。北京市选派援疆干部，不仅是政治过硬，同样是各行政事业单位的不同专业人才。他们带来的不仅有对和田的发展热情和奉献精神，对于和田产业的发展，更是难得的人才资源。援疆人才代表的是北京市的组织力、科技力、创新力，既要积极发挥对口援疆人才对于和田市发展的类似"产业智库"的作用，又要立足援疆与和田发展的政治大局，利用好援疆人才在区域发展中的智库特征，以及对于北京资源与和田产业资源整合的比较优势。

二是加强产业规划的细化和落地研究。人才一点，带动一面，前提是需要好的规划来凝聚发展方向。要积极发挥援疆干部的人才作用，大力鼓励其发挥信息、谋划、产业视野，加强产业规划，深入开展科学研究和调查工作，科学把握"京—和"两地产能特征，构建互补对接渠道，积极构建北京与和田之间的产能互动，从而以科学研究引领和田纺织服装产业的有序发展。

三是建立可持续的设计创意人才扶持机制。立足"聚焦发展"，继续深化开展针对性的和田产业发展研究，挖掘本地产业优势，聚焦可行发展路径，促进产业水平提高。立足外来拉动效应，针对性地在和田企业层面形成持续性的帮扶机制，开展针对性的创意设计帮扶机制，并带动当地企业和设计创意人才发展，以创意设计带动企业发展和成长。

第三节 加强欧亚"绿洲地带"的产业经济与文化研究

欧亚大陆之中部，自我国新疆往西，目前所谓的中亚国家，以及西亚和阿拉伯半岛区域的国家和人民，从地理上可以看出，其地域多高原荒漠，其中最著名的为帕米尔高原。这种地理环境，使历史上该地域成为著名商贸转输地带，在城市和生产方式上形成的典型绿洲文明形态。这种历史地理同样对其现代国家形态、民族构成、生产方式和文化习惯，影响深远。作为我国向西开放的重要区域、陆上"一带一路"的重要组成部分、古丝路商贸和文明交通的传统地带，中亚西亚诸国也将自然地成为我国新疆、丝路重镇和田市的对外经济贸易合作的重要对象。由于纺织服装产业直接服务于人的特性，加强对西亚中亚国家民族国家的经济、文化、生活方式的深入系统研究，对于我国纺织服装产业向西开放、经贸合作的发展，具有基础性的价值和意义。

一、加强中亚西亚"绿洲地带"的文化学术研究

积极发挥北京对口援疆的文化、教育、学术资源优势，重点是加强纺织服装产业、市场、文化方面的学术研究，以学术研究为基础，有针对性地引领和田市纺织服装企业产品的文化创意和设计，

服务开展产业合作、拓展国际市场的需要，并依此引导和田市纺织服装产业的设计和文化定位。

二、加强中亚西亚国家的经济发展情况研究

积极依靠北京对口援疆的联系广泛程度和信息整合能力，通过中国纺织工业协会，以及商务、外交等高层次渠道，并与高校和科研机构协作，围绕中亚西亚国家的纺织服装产业经济现状，开展以国别为单位的分类研究，以指导和田市发展纺织服装产业的产业定位。

三、加强对中亚西亚国家和重点商贸城市的友好城市建设

积极依靠北京对口援疆政策和国家西部大开发等战略，立足实际，有选择性地与中亚西亚相关国家建立商贸友好城市，通过和田市与相关国家的友好城市建设，促进经贸合作的开展。

四、加强区域、产业研究中的学术、政策、外交、商务等资源的协同

对于作为我国临近区域、欧亚大陆腹地的中亚西亚国家，由于其近代以来的历史进程、区域民族结构、文化信仰特点、现代经济发展方式等实际，我国一般居民对于中亚西亚各国旅游、商贸，乃至学术交流等方面的开展广度和深度，实际上都远不如跨越太平洋的北美、远在万里的欧洲诸多国家。这种情况无疑对我国与"一带

一路"经济带周边国家和地区的商贸合作带来极大不便。为加快和田市乃至全疆纺织服装产业的向西开放，促进纺织服装产业生产和贸易增强国际竞争力和服务针对性，未来要立足和田市发展实际需要，积极发挥北京援疆资源，利用北京首都和时尚之都文化中心城市的产业"头部"优势，高度重视学术资源、外交资源、商务信息等重要发展要素，并大力促进其围绕和田市产业发展需要协同工作。

参考文献

一、专著

[1] 和田地区地方志编纂委员会. 和田地区志[M]. 乌鲁木齐：新疆人民出版社，2011.

[2] 谭其骧. 谭其骧历史地理学十讲[M]. 北京：中华书局，2022.

[3] 哈·麦金德. 历史的地理枢纽[M]. 林尔蔚，陈江，译. 北京：商务印书馆，2010.

[4] 奥雷尔·斯坦因. 绿洲和田[M]. 北京：商务印书馆，2022.

[5] 朱光辉. 和田——绿洲城市的崛起[M]. 济南：山东人民出版社，2014.

[6] 刘娜娜. 新疆农村一二三产业融合发展研究[M]. 北京：中国农业出版社，2021.

[7] 王宏丽. 丝绸之路经济带建设中的新疆发展与开放[M]. 北京：中国经济出版社，2020.

[8] 喻晓玲，朱叶. 社会稳定视角下的新疆南疆地区经济发展研究[M]. 北京：中国农业科学技术出版社，2016.

[9] 经济学家圈. 十四五与双循环[M]. 北京：中国广播影视出版社，2021.

[10] 雍际春，张根东，赵世明，等. 关中—天水经济区人地关系与生态文明研究[M]. 北京：中国社会科学出版社，2021.

[11] 夏春玲，裘晓雯，魏明，等. 2011/2012宁波纺织服装产业发展报告[M]. 北京：中国纺织出版社，2016.

[12] 闫海龙. 丝绸之路经济带——新疆开放发展新机遇[M]. 北京：经济管理出版社，2016.

[13] 毛中根，伍骏骞. 中国西部开发开放报告2020：新时代县域经济高质量发展[M]. 北京：科学出版社，2020.

[14] 张斌，姜鹏，钟春艳. 区域农业规划理论与实践：以新疆和田地区为例[M]. 北京：中国农业科学技术出版社，2020.

[15] 陈作成. 新疆南疆三地州产业结构调整与促进稳定就业研究[M]. 北京：中国农业出版社，2020.

[16] 李志翠. 产业转移视角下东部地区援助新疆自我发展能力提升研究[M]. 北京：经济管理出版社，2017.

[17] 杨镰. 守望天山——杨增新与现代新疆[M]. 乌鲁木齐：新疆人民出版总社，新疆人民出版社，2016.

[18] 厉声，等. 中国新疆历史与现状[M]. 北京：五洲传播出版社，2013.

[19] 方英楷. 中国历代治理新疆国策研究[M]. 乌鲁木齐：新疆人民出版社，2006.

[20] 中国地理百科丛书编委会. 绿洲[M]. 北京：世界图书出版公司，南方日报出版社，2016.

［21］姜丹. 新疆和田河流域传统村镇聚落形态演化研究［M］. 北京：中国建筑工业出版社，2016.

［22］曹鹏. 天山南麓行记［M］. 北京：当代中国出版社，2022.

［23］李鹏. 从分散布局到现代分工：新疆区域聚集经济发展道路研究［M］. 北京：民族出版社，2011.

［24］闫海龙，李雪梅. 新疆绿洲城市群培育发展与路径选择研究［M］. 北京：经济管理出版社，2015.

［25］林梅村. 丝绸之路考古十五讲［M］. 北京：北京大学出版社，2020.

［26］张春霞. 南疆绿洲文化转型研究：以马克思主义文化观为视域［M］. 北京：人民日报出版社，2015.

［27］朱金鹤，崔登峰. 基于包容性增长的新疆南疆三地州居民幸福感提升研究［M］. 北京：中国农业出版社，2018.

［28］荣新江. 敦煌学十八讲［M］. 北京：北京大学出版社，2021.

［29］荣新江. 丝绸之路与东西文化交流［M］. 北京：北京大学出版社，2019.

［30］孟凡人. 丝绸之路史话［M］. 北京：社会科学文献出版社，2011.

［31］张安福. 远略雄心——西域两千年［M］. 上海：上海人民出版社，2020.

［32］张广达，荣新江. 于阗史丛考［M］. 上海：上海书店出版社，2021.

［33］李吟屏. 和田考古记［M］. 乌鲁木齐：新疆人民出版社，2006.

［34］黄文弼. 西域史地考古论集［M］. 北京：商务印书馆，2017.

［35］新疆维吾尔自治区编辑组《中国少数民族社会历史调查资料丛刊》修订编辑委员会. 南疆农村社会［M］. 北京：民族出版社，2019.

［36］王乐. 丝绸之路织染绣服饰研究・新疆卷［M］. 上海：东华大学出版社，2020.

［37］龚新蜀. 丝绸之路经济带背景下的新疆产业发展问题研究［M］. 北京：中国财经出版传媒集团，经济科学出版社，2020.

［38］王思明，李昕升，雷・道格拉斯・赫特. 丝绸之路中外科技文化交流探索［M］. 北京：中国农业科学技术出版社，2018.

［39］李艳玲. 田作畜牧——公元前2世纪至公元7世纪前期西域绿洲农业研究［M］. 兰州：兰州大学出版社，2014.

［40］孟凡人. 尼雅遗址与于阗史研究［M］. 北京：商务印书馆，2017.

［41］中国文物学会玉器专业委员会. 丝绸之路与玉文化研究［M］. 北京：故宫出版社，2016.

二、论文

[1] 陈韵,李星辰. "一带一路"对新疆纺织服装产业发展的影响研究[J]. 商业经济,2017(11):56-58.

[2] 方祎铭. "一带一路"倡议下新疆纺织服装行业未来的发展[J]. 纺织导报,2016(2):87-89.

[3] 王怀凯. 对我国纺织企业劳动力成本递增的分析和思考[J]. 山东纺织经济,2018(2):7-8.

[4] 秦波. 和田打造区域中心城市的战略意义和思路[J]. 中国商论,2015(22):92-95.

[5] 文荣,阿布都热合曼·哈力克:和田地区经济发展与生态环境协调度关系分析[J]. 中国农村水利水电,2015(12):119-124.

[6] 李亚辉,孔真. 恢复振兴和田地区茧丝绸产业的对策建议[J]. 丝绸,2018(1):1-8.

[7] 周萍,刘昊. 新疆喀什、和田地区农村富余劳动力转移策略研究[J]. 粮食科技与经济,2019,44(1):112-114.

[8] 龚柏慧,袁蓉,朱晋陆,等. 智能制造对服装定制和设计的影响[J]. 上海纺织科技,2017,45(6):16-18.

[9] 张慧卿,叶迎东,陈刚. 新疆喀什地区棉纺织企业生产过程中的问题和建议[J]. 中国棉花加工,2017(4):40-42.

[10] 朱霞,喻晓玲. 新疆和田地区特色产业竞争力研究[J]. 当代经济,2019(1):116-118.